지속가능발전목표 SDGs 실현을 위한 실현을 위한 유아교육 연구

지속가능발전목표 SDGs
실현을 위한
유아교육 연구

고가온 지음

영유아 교사를 위한 교육을 중심으로

한국학술정보

책머리에

이 책은 2023년 1월 동국대학원 국제다문화학과에 제출한 필자의 박사학위 논문으로 '기후 위기는 아동 권리의 위기(Climate Crisis Is a Child Rights Crisis)'로 미래세대를 위한 SDGs(지속가능발전목표)교육인 ESD(지속가능발전교육)를 위해 작은 보탬이 되고자 이 책을 출판하게 되었습니다.

SDGs(지속가능발전목표) 실현을 위한 세계시민 교육 ESD(지속가능발전교육)는 국제사회가 처음으로 국제의제에 유아교육을 포함한 매우 의미 있는 글로벌 의제였습니다. 국제규범이자 실천과제이며, 실행하는가에 따라 국제사회에서 유아교육의 위상이 달라질 것입니다. 세계시민성 함양은 기존의 교육 의제의 틀을 벗어나서 글로벌 교육의제의 지평을 확장시켰습니다. SDGs(지속가능발전목표) 세계시민교육은 유럽과 일본에서는 ESD(지속가능발전교육)로 영유아는 물론 초·중·고등과정까지 시행되고 있습니다. 우리나라도 초·중·고등과정에서는 진행되고 있으며, 이에 초등연계과정으로 영유아기의 ESD(지속가능발전교육)를 돕고자 글을 쓰게 되었습니다.

특히 교육자로서의 비판적 페다고지 철학 아래 교육자의 경험에 중점을 두고, 교사의 역할을 강조한 구성주의 교수법과 교사의 지식의 전달 과정에서 가치관이나 신념을 토대로 형성된 지식의 중요성을 강조한 실천적 지식 이론, 학생들의 긍정적인 성취 변화를 끌어낼 수 있는 자기 자신의 능력으로 정의되는 교육 효능감 등으로 교육자가 ESD(지속가능발전교육), SDGs(지속가능발전목표)의 내용을 교육받고 이해하고 있을 때의 경험이, 영유아에게 어떻게 교육이 되는지, 표준보육과정 및 누리과정에 교사의 자율성과 다양성을 존중하고 강조된다는 점에서 교사가 SDGs(지속가능발전목표) 개념을 인식하고 있다면, 교육과정에 ESD(지속가능발전교육)를 충분히 그 전달 역할을 담당할 수 있을 것으로 믿습니다. 이에 영유아기 때부터 교육과정에 접목하여 영유아 교육의 선생님들이 현장에서 교육과정에 녹여 낼 수 있도록 교사들에게 도움을 드리고자 이 책을 발행하게 되었습니다.

또한 향후 유보통합 이후 누리과정에 SDGs(지속가능발전목표) 교육인 ESD(지속가능발전교육)과정의 목표 및 추구 방향에 공식적으로 명시하는 것도 필요하다고 생각합니다. 세계시민 교육은 환경에만 국한된 것이 아니며 사회, 경제에 이르기까지 진정한 소시어크라시로 성장하는 교육입니다. 이에 시민사회의 성장으로 관료제의 Goverment가 아니라 협력적인 Governance로, 진정한 세계시민(Cosmopolation)으로 성장하길 바랍니다. SDGs(지속가능발전목표) 교육인 ESD(지속가능발전교육) 이후 우리의 아이들이 세계 속에서 환경 안보, 경제 안보, 사회 안보, 농업 안보, 생물의 다양성까지 많은 분야에서 다양한 문화의 글로컬리즘(Glocalism)의 세계시민(Cosmopolation)으로

ESG를 실행하길 바랍니다.

이 책이 탄생하게 된 것은 다양한 학문에 문을 두드리던 저에게 많은 훌륭한 교수님들께서 가르침으로 앞길을 열어 주시고 밝혀 주셨기 때문입니다. 그저 공부하는 것이 좋아 다니던 많은 대학원에서 많은 교수님이 시나브로 이끌어 주셔서 성장하고 도약하게 되어 박사논문을 책으로 출판하게 되었습니다.

참스승이 많으셨고 애정과 사랑으로 많은 부분 이끌어 주신 교수님들께 감사드리는 마음이 넘쳐 미력하나마 새로운 길을 열어 주신 많은 스승님께 감사드립니다.

미흡한 논문을 단어 하나까지 애정을 가지고 진지하게 심사숙고해 주시면서 논문이 완성되도록 마지막까지 열정적으로 지도해 주신 강신엽 교수님, 황정식 교수님, 김희태 교수님, 하진기 교수님께 감사하는 마음이 넘칩니다. 진심으로 고개를 숙여 감사드립니다.

늘 훌륭하신 인품으로 제자들을 이끌어 주시고 지도해 주시는 강택구 교수님, 진심으로 고개 숙여 감사드립니다. 지도 교수님께 겸손함과 멀리 보는 혜안을 배웠습니다. 두루 살피시고 인생을 관조하듯 말씀하시는 강의는 강의실에서도 다른 장소에서도 늘 배움이 있는 명품 강의와 열정적인 지도의 말씀이셨습니다. 진심으로 고개를 숙여 감사드립니다.

저에게 "박사가 무엇인지 아느냐?" 물으시던 김성균 교수님, "그 분야에 철학자가 되는 것이다"라고 말씀하시면서 저에게 다독과 많은 고뇌의 시간을 보내라고 하시던 말씀이 기억이 납니다. 23살 'Agenda 21' 강의를 듣고, 감명 깊은 강의에 20년 후 제가 박사논문에 이어 후신인 SDGs 논문을 쓰게 되었습니다. 진심으로 고개 숙여 감사드립니다.

동국대학교 김경제 교수님, 박사 초 포기하고 싶을 때 응원해 주시고 잡아 주셨습니다. 서은숙 교수님, 세계 시민교육과 UN의 많은 자료를 배우며, 박사의 길에 한 걸음 다가설 수 있었습니다. 고진호 교수님, 다문화 교육학을 청강하며 교육학을 분석하여, SDGs 영유아 개정 누리과정을 말씀드렸을 때, 이 논문의 가치를 인정해 주셨습니다. 박명호 교수님, 코로나 시기 호모미그란트와 호모노마드, 미네르바 대학 온오프라인의 병행 수업을 들으며 새로운 교육의 방향성을 꿈꾸게 하셨습니다. 동국대학교 교수님들께 진심으로 감사드립니다.

중앙대 행정대학원 박희봉 원장님, 멈추지 않도록 저에게 지속적인 힘을 주시고 도전을 멈추지 않도록, 부족한 저를 독려하시고 이끌어 주셨습니다. 송용찬 교수님, 국가 표준의 새로운 장을 열어 주시고, 메타버스의 도전을 새롭게 인정해 주시고. 저의 도전에 용기를 주셨습니다. ESG 과정으로 이용규 교수님은 SDGs를 저에게 확신할 수 있도록 해 주셨습니다. 포기하고 싶을 때마다 잡아 주시고 조력해 주신 김기영 교수님, 늘 힘내라고 하시던 남영희 교수님, 쓰러지지 말라고 응원하시던 이은화 교수님, 응원을 아끼지 않으셨던 문형란 교수님, 유아교육의 현재와 미래를 이야기하시면서 응원해 주신 조정

현 교수님, 맑은 미소로 웃으시며 힘을 주시던 지순덕 교수님, 논문의 하나라도 더 알려 주시고 더 역량을 넓힐 수 있도록 이끌어 주시던 김성현 박사님 너무나도 감동적이었습니다. 중앙대학교 행정대학원 모든 교수님께 감사드립니다.

정종기 부총장님, 스승의 사랑은 이러한 듯합니다. 20년 만에 찾아뵈었을 때 "20년 만에 온 제자에게 무엇을 줄까 생각했노라" 하시며 먼 산을 바라보시며, 말씀하시던 부총장님의 옆모습이 기억납니다. 너무나도 큰 사랑을 받았습니다. 그리고 눈물이 나도록 감동적인 순간이었습니다. 진심으로 감사드립니다.

"한번 스승님은 영원한 스승님이십니다."

황윤원 총장님, 석사 논문 지도를 해 주시면서, 눈을 지그시 감고 먼 산을 바라보시며 하시던 말씀이 기억에 남습니다. 늘 마음으로 판단하시고 웃음으로 제자들의 마음을 편안하게 해 주시던 모습이 그리고 늘 제자들을 살펴 주시는 모습이, 제자들의 마음을 따뜻하게 느끼도록 해 주십니다. 고개 숙여 존경하고 감사드립니다.

논문 설문에 참여해 주신 원장님들과 SDGs 실행에 함께 참여해 주신 선생님들 사랑합니다. 그리고 믿고 함께해 주셔서 고맙습니다. 감사드립니다. 논문을 위해 조언해 주신 많은 선배님과 나의 멋진 동기들에게 감사의 마음을 전합니다.

그리고 인생의 첫 스승님이셨던 부모님, 저의 삶의 바른 태도와 근면 성실함을 부모님의 뒷모습에서 자연스럽게 배웠습니다. 이에 이러한 삶의 태도로 이 많은 학업을 충실히 해낼 수 있었던 것 같습니다. 그리고 박사를 공부할 수 있도록 도와준 딸, 인생의 성숙함을 자식에게 배웠습니다. 나의 딸로 태어나 주셔서 감사드립니다.

내 인생의 첫 스승님인 부모님과 이 자리에 오기까지 이끌어 주셨던 많은 교수님의 가르침으로 이 논문이 책으로 탄생하게 되었습니다. 부모님과 존경하는 참된 스승이신 교수님들 그리고 딸에게 이 책을 바칩니다.

2023년 7월

고가온

목차

제1장

서론

제1절
연구의 목적

2021년 유엔아동기구(UNICEF: United Nations Children's Fund)는 기후 위기와 관련하여 충격적인 제목의 보고서를 발표하였다. 그 제목은 '기후 위기는 아동 권리의 위기(Climate Crisis Is a Child Rights Crisis)'로 세계 약 22억 명의 어린이들이 무분별한 개발로 인해 물과 위생, 건강관리, 교육 등 적절하지 못한 서비스를 받는 등 극도의 위기(extremely high-risk)에 직면한 것으로 그 내용을 다루고 있다. 그리고 이에 대한 대비책으로 세계 각국 정부에 물, 위생 및 위생 시스템, 보건 및 교육 서비스 등 어린이를 위한 주요 서비스에 대한 투자를 늘리고 더 나아가 궁극적으로 온실가스 배출을 줄일 것을 강하게 요구하고 있다. 특히 우리가 주목해야 할 부분은 UNICEF가 온실가스 배출을 최소화하는 것 이외에도 어린이들이 기후 변화 영향에 적응하고 준비하는 데 필요한 지속 가능한 발전 기술과 기후 교육 등을 제공해야 함을 각국 정부에 강하게 촉구하였다는 점이다. 이렇듯 '지속 가능한 발전' 개념이 단순히 기성세대들에게만 반성과 개선을 요구하는 것이 아닌 유아 서비스 특히 영유아 교육에 밀접하게 스며들도록 하는 환경변화가 단순한 유행이 아닌 시대적 의무가 되어가고 있다는 현상을 적나라하게 보여주는 사례라 할 수 있다.

즉 1972년 스웨덴 스톡홀름에서 개최된 유엔의 '세계환경회의'에서 대두된 지속가능한발전(SD: Sustainable Development)이라는 개념은 이후 1987년 '환경과 개발에 관한 세계위원회 (WCED: World Commission on Environment and Development)'에서 제출한 '우리 공동의 미래(Our Common Future)'라는 보고서를 통해 단순히 기후보고서가 아닌 지속가능한발전 개념으로 소개되었다(Brundtland Report, 1987). 이후 모든 사람이 질 높은 혜택을 받을 수 있고 지속가능한발전의 미래와 사회를 위해 필요한 가치, 행동, 삶의 방식을 배울 수 있는 사회를 지향하는 '지속가능발전교육(ESD: Education for Sustainable Development)'의 개념으로 한 번 더 발전하였다(UNESCO, 2004). 한편 이러한 "지속가능발전교육"의 출발점이 유아기이어야 한다는 인식은 2008년 '지속가능발전교육을 위한 예테보리 권고안(The Gothenburg Recommendation on Education for Sustainable Development)'에 명시됨으로 인하여 더욱 공고해졌다(지옥경, 2011).

이러한 '지속가능발전교육'의 필요성으로 인해 UNESCO는 'ESD국제실천프로그램(Global Action Program on ESD, 2014-2019)'을 마련, 모든 영역의 교육과 학습에서 ESD를 강화해 왔으며, 또한 2030년까지의 목표 설정으로 ESD는 2015년에 유엔이 채택한 지속가능발전목표(SDGs)와 연계하여 제시하고 있다. 여기서 중요한 점은 ESD는 지속가능발전목표인 SDG4만을 지칭하는 것이 아니라 SDGs 전체를 이행하는 주요 수단으로, 교육의 질과 평생학습의 중요성을 강조한다는 것이다. 따라서 SDGs 맥락에서 ESD는 환경교육 차원을 넘어 지속 가능한 발전 달성을 위한 교육 전반의 노력으로 정의되어야 한다(문무경 외, 2019).

한편 UNICEF와 더불어 세계유아교육기구(OMEP: Organization Mondiale pour L'education Prescolaire) 역시 2010년부터 유아들이 지속 가능한 사회의 구성원으로 자라나는 데 초점을 맞추어 프로젝트를 진행해 오고 있다(김은경, 김혜경, 2019). 독일은 지속가능발전을 위한 교육프로그램(BLK-21 프로그램), 지속가능발전 전환 프로그램(Transfer21)과 같은 국가수준의 프로젝트가 수행되고 있고, 스웨덴은 지속가능발전 인증제도 등을 도입하여 실효성 있게 유아교육에 접근하고 있으며, 호주는 제도권 교육과 비제도권 교육을 통해 다양한 활동들을 실행하고 있다(김은정 외, 2013).

우리나라도 이에 동참하여 2000년에 지속가능발전위원회가 출범한 이후 '지속가능발전교육'과 관련한 법과 '지속가능발전교육계획'을 수립하면서 잘 추진되는 듯하였으나, 2008년 녹색성장이 국가적 과제로 부각되면서 '녹색성장교육'으로 개념이 전환되어 지속가능발전교육의 개념이 환경교육 혹은 녹색성장교육으로 축소되거나 혼용되는 현상이 나타났다(유영의 외, 2013).

지속가능발전교육은 사회·문화적, 환경적, 경제적 관점에 대한 이해와 가치 및 태도의 변화를 추구하는 새로운 차원의 교육 패러다임으로 장기적인 관점에서의 접근이 무엇보다도 필요하다(윤정희, 김희태, 2017). 따라서 지속가능발전교육을 통해 미래 사회를 대비하기 위한 교육의 출발점은 유아기여야 한다(지옥정 외, 2015; Davis, 2014; UNESCO, 2008). 이는 유아기가 전인적 성장의 기틀을 마련하는 중요한 시기이며, 삶의 이해와 가치 및 실행의 기반을 형성하는 생애교육 초기로 지속가능발전교육의 결정적인 시기이기 때문이다(신은수, 박은혜, 2012).

그러나 유아 교육과 관련한 연구를 살펴보면, 유아기 지속가능한 발전교육에 대한 연구는 지속가능발전교육에 대한 방법과 실태 조사나(지옥경 외 2015), 지속가능발전교육과 관련된 교육과정에 대한 분석(김숙자 외, 2014; 유영의 외, 2013), 교사의 인식 조사 및 교육과정의 방향(백은주 외, 2014; 신은수, 박은혜, 2012) 등과 같이 지속가능발전교육에 관한 연구들은 활발하게 이루어지고 있으나 진전 속도는 초·중등교육에 비해 더딘 것으로 보고되고 있다. 즉 앞서 살펴보았듯이 UNICEF가 어린이들이 기후변화의 영향에 적응하고 준비하는 데에 중요한 지속가능발전 기술 및 기후 교육을 제공할 것을 각국 정부에 촉구한 바와 같이 ESD, SDGs의 중요성에 대한 인식과 실천의 필요성에도 불구하고 국내 상황은 이행 대상에서 영유아기는 그동안 배제되어 온 경향이 있었다(백은주 외, 2012).

한편 UNESCO는 지속가능발전교육의 맥락을 형식적인 교육뿐만 아니라 비형식교육(informal education), 무형식교육(nonformal education)에도 지속가능발전교육이 관련되었음을 인식하여 이에 대해 강조하고 있다(이선경 외 11명, 2014). 또한 이와 관련하여 교사들이 변화의 주체가 되어 지속가능발전교육을 촉진할 수 있는 역량을 증진할 필요가 있으며, 교사 교육이 이를 가능하게 하여야 함을 과제로 제시하고 있다(백은주 외, 2012). 즉 교사들의 변화 가능성을 체험하고 실제 교육과정에 이를 적용할 수 있는 역량을 기를 기회 제공이 필요한 이유이다(백은주 외, 2012). 이에 본 논문에서는 ESD(지속가능발전교육)와 SDGs(지속가능발전목표)의 더 체계적이고 효과적인 실행을 위하여 현재의 표준보육과정 및 누리과정 등 영유아 교육과정을 분석하고 그 과정에서 지속가능발전 개념을 찾아보고 그 결과를 중심으로 교육 현장에서 지속가능발전교육(ESD) 및 목표(SDGs)를 활성화하기 위한 구체적인 실천 방안을 모색하고자 하였다. 특히 교육자로서의 비판적 페다고지 철학 아래 교사의 역할을 강조한 구성주의 교수법, 교사의 지식의 전달 과정에서 가치관이나 신념을 토대로 형성된 지식의 중요성을 강조한 실천적 지식 이론, 학생들의 긍정적인 성취 변화를 끌어낼 수 있는 자기 자신의 능력으로 정의되는 교육효능감 등 교육자를 중심으로 두고 접근하고자 하였다. 즉 교육자가 ESD, SDGs의 내용을 교육받고 이해하고 있을 때의 경험이 0-2세 대상 표준 보육과정과 3-5세 대상의 누리과정에 어떻게 변화를 일으키고 스스로 적용할 수 있는지에 대한 근본적 의문에 대한 답이라 할 수 있다.

제2절
연구의 범위 및 방법

1. 연구 범위

본 논문은 지속가능발전교육이라는 ESD, 지속가능발전목표인 SDGs의 중요성에 대한 인식과 실천의 필요성과는 달리 그동안 부족했던 국내 이행 대상에서 영유아기가 배제되어 온 경향에 초점을 맞추고 있다. 그동안 많은 연구에서 ESD, SDGs의 근본적 이념이 영유아 교육과정에 반영되어야 한다는 연구는 많이 이루어졌으나 그 실천 방법에 대해서는 논의되고 있지 않았기 때문이다. 또한 앞서 설명한 바와 같이 학생 위주의 교육 방법에 대한 접근이 아닌 교육자로서의 비판적 페다고지 철학 아래 교육자의 경험에 중점을 두고 접근하고 있다. 즉 교육자가 ESD, SDGs의 내용을 교육받고 이해하였을 때 0-2세 표준보육과정과 3-5세 누리과정에 어떻게 변화를 일으키고 스스로 적용할 수 있는지를 조사하는 것이다.

따라서 위와 같은 연구 목적과 관련 깊은 본 논문의 내용적 범위는 다음과 같다. 우선 기본적으로 지속가능발전교육(ESD), 지속가능발전목표(SDGs)의 주요 개념과 ESD, SDGs의 국내외 연구 동향과 주요 이슈가 포함된다. 또한 우리나라의 유아교육 과정이라 할 수 있는 표준보육과정과 누리과정의 내용과 변화도 연구 범위에 들어간다. 그리고 이를 바탕으로 우리나라 유아교육 과정에서 찾을 수 있는 지속가능발전교육의 내용이다. 물론 이는 기존 문헌 연구를 통해 분석하고 시사점을 모색한다. 그리고 마지막으로 영유아 교육의 중추적 역할을 담당하고 있는 서울 시내 및 경기도 어린이집과 유치원 원장을 대상으로 그들이 지닌 경험 속에서 찾을 수 있는 지속가능발전교육(ESD), 지속가능발전목표(SDGs)의 실행 현황, 유아교육 현장에서 ESD 및 ESDGs 실행의 어려움과 원인, 그 대안 및 묘안 등이 연구 대상 범위이다.

한편 연구 목적을 달성하기 위해 영유아 교육의 중추적 역할을 담당하고 있는 서울 시내 및 경기도 어린이집과 유치원을 공간적 범위로 정하고 소속 원장을 대상으로 그 해답을 찾고자 하였다. 다만 이러한 연구의 공간적 범위는 우리나라 유치원과 어린이집 교육과정이 표준화되어 있고 그 실행, 즉 교육과정의 내용이나 방법 등 적용에 있어서는 유치원 교사의 자유도가 큰 역할을 한다는 점에서 그 시사점은 우리나라 유아교육으로 확장할 수 있다고 판단된다. 즉 서울시 및 경기도 지역의 어린이집과 유치원 원장을 대상으로 표준화되어 있는 우리나라 유아교육과정에 ESD 및 SDGs의 인식과 적용 방법을 조사함으로써 그 결과와 방법을 그대로 다른 지역의 어린이집과 유치원으로 확장할 수 있기 때문이다.

그리고 본 논문의 시간적 범위는 최근 개정이 이루어진 우리나라 유아교육과정(보건복지부 고시 제 2020-75호)을 기준으로 하여 2020년 4월부터 2022년 8월 31일까지이다. 물론 문헌 자료는 위의 시간적 범위 이전의 자료를 원칙으로 하였다.

2. 연구 방법

본 논문은 앞서 언급한 연구 목적을 달성하기 위해, 즉 지속가능발전을 위한 교육을 반영하기 위해 학생 위주의 교육 방법에 대한 접근이 아닌 교육자로서의 비판적 페다고지 철학 아래 교육자의 경험에 중점을 두고 접근하고 있다. 즉 교육자가 ESD, SDGs의 내용을 교육받고 이해하고 있을 때의 경험이 어떻게 0-2세 표준보육과정과 누리과정에 변화를 일으키고 스스로 적용할 수 있는지에 대한 근본적 의문에 대한 답이라 할 수 있다(정우탁, 2015; Freire, 2000).

연구 방법은 문헌조사, 실험설계(설문), 심층면접 등 다양한 방법을 통해 문제의식에 접근하였다. 우선 문헌조사를 통해 표준보육과정 및 누리과정 등 우리나라 유아교육과정의 전반적 내용을 숙지하고 더불어 교육과정에 반영하고자 한 ESD 및 SDGs의 개념 연구를 진행하였다. 그리고 이러한 문헌 연구를 바탕으로 연구 목적을 달성하기 위하여 두 단계를 거쳐 분석과 의미를 도출하였다.

첫 번째 단계는 실험단계로 연구의 특성상 광고효과 분석과 같이 사전 조사를 할 수 없는 경우에 많이 설계되는 단일집단후비교조사방법을 사용하였다. 이러한 설계의 특징은 전실험 설계로 불리우며 연구 특성상 무작위 배정 및 통제집단 및 실험집단이 구성되지 못하는 한계를 지니고 있다. 또한 연구자의 주관적 판단 및 해석에 의지해야 하는 한계를 지니고 있다. 이러한 오류를 최대한 배제하기 위해 본 논문은 연구 대상자, 즉 어린이집 및 유치원 원장들에게 ESD 및 SDGs의 개념 인식 여부, 영유아 보육과정과 누리과정에 반영해야만 하는 필요성에 대한 인식 변화, 영유아 보육과정 및 누리과정에 위 두 개념이 반영되어 있는지 만약 반영되어 있지 않다면 어떠한 어려움이 있는지 등에 대하여 조사함으로써 최대한 조사 결과의 신뢰성과 타당성을 충족하기 위한 노력을 기울였다. 첫 번째 단계에서 진행한 조사 도구는 설문을 중심으로 사용하였다.

그리고 다음 단계로 첫 번째 단계를 통해 조사된 결과를 중심으로 심층 인터뷰를 진행하였다. 이러한 단계를 설계한 목적은 ESD, SDGs 관련 동영상을 시청하게 함으로써 연구 대상자의 변화된 인식을 기반으로 현재 우리나라 교육과정에 지속가능발전에 대한 교육내용이 반영되어 있는지 안 되어 있다면 왜 적용이 안 되었고 적용하는 데 어떠한 어려운 점이 있었는지 등 연구 문제에 대한 해답을 듣고자 함이다. 또한 이러한 심층 인터뷰 방식을 통해 현실에 접근하고 경험적 정확성을 추구하기 위함이었다(Moyser and Wagstaffe, 1987). 이러한 심층 면접조사를 통해 조사하고자 한 내용은 지속가능발전 교육을 위한 지원 방법, 현 0-2세 표준보육과정과 누리과정에 반영하고자 하는 의지 및 방법, 현실에서 적용할 수 있는 사례 등에 관한 연구 대상자의 의견이다. 따라서 최대한 연구 목적에 맞는 자료를 수집하기 위해 구조화된 인터뷰(structured interview)를 실시하였다. 한편 심층 인터뷰는 서울시 어린이집과 유치원 원장을 대상으로 2022년 7월 1일부터 3주간에 걸쳐 진행하였다.

제2장

연구에 관한 이론적 배경

제1절
교육자 중심의 유아교육에 대한 이론적 논의

1. 구성주의 교수법

① Freire의 교사론

21세기 학습자의 역량을 함양하기 위한 교육에 대한 노력은 이미 1990년대 중반부터 시작되었으며, 그중에서도 '구성주의'라는 학습자 중심의 학습이론을 중심으로 자기 주도성, 협력 학습 능력, 맥락 기반 학습환경 등의 특징이 강조되어 왔다(강인애, 1997; 김신자, 2001; 이신동, 2002; 이원희, 1998). 그리고 이러한 구성주의적 학습이론을 기반으로 하는 구체적 학습모형으로서 '문제기반학습(PBL)'과 '프로젝트 학습'이 주목받은 것도 사실이다(정지현, 2010). 이와 같은 교수학습모형은 학생들의 문제해결 능력, 비판적 사고력, 창의력, 협력적 학습 능력, 의사소통 능력 등 역량 개발과 이의 함양에 효과적으로 기여한 것으로 알려져 있다(강인애 외, 2016).

이를 좀 더 살펴보면 '구성주의'는 인식론으로서 곧 지식의 습득 과정에 집중하는 만큼 학생들의 인지 변화에 초점을 둔다(강인애, 2013). 따라서 교육내용으로서 '무엇을'보다는 교육 방법으로서 '어떻게' 배울 것인지에 좀 더 중점을 두기 때문에 기본적으로 '가치중립적'이라는 관점이 매우 강하다(강인애 외, 2016). 이와 관련하여 Freire는 '어떻게 배울 것인가?'에 대한 질문의 답으로 교육철학에 비판적 인식과 실천적 사회 참여를 강조하였다. 특히 Freire는 의식화 교육을 통한 실천(praxis)을 강조한다(강인애, 이현민, 2016; 정우탁, 2015; Freire, 2000). 따라서 Freire의 페다고지, 즉 교육철학은 단순 지식 전달 암기식 교육을 비판하면서 그에 대안적 방안으로서 '비판적 인식(critical consciousness)'을 중요시한다(Freire, 2000).

한편 Freire는 교사의 역할을 매우 중요시하면서 교사의 자질과 역량에 따라 교육의 질이 달라진다고 정의하고 있다. 그는 학생들의 인간화라는 교육 목적을 달성하기 위해서 교사가 갖추어야 할 덕목으로 진보적인 자세의 겸손, 사랑, 용기, 관용 등의 덕목과 결단력, 안정감, 인내와 조급함 사이의 긴장, 삶을 즐겁게 만드는 자질 등을 제시하였다(Freire, 2000). 이를 위해 그는 교사가 교육자로서 진지하게 공부하고 준비하는 학습자, 탐구자가 되어야 하며, 학생과의 관계에서는 가르침의 전문가, 비판적 관찰자, 존중과 겸손을 갖춘 대화자, 헌신적 교육실천가 등의 역할을 해야 한다고 주장하였다.

이러한 이유에서 교육자의 접근방법이 중요하게 대두되는 부분이다. 학생들이 학습자료를 유의미하고 적합하게 잘 다룰 수 있도록 도와주는 역할이 필요하며, 학습환경의 조성자이자 안내자로 또한 학습자의 동료로서 풍부하고 다양한 학습환경을 조성하고 상황적 맥락에 따라 과제를 제시하여야 하는 것이다(신지연 외, 2018).

② Elbaz의 교사의 실천적 지식 이론

교사의 실천적 지식은, 엘바즈(Elbaz, 1981)에 따르면, 교사가 자신이 가지고 있는 지식을 자신이 관계하고 있는 실제 상황에 맞도록 자신의 가치관이나 신념을 토대로 종합하고 재구성한 지식이다(Elbaz, 1981). 이를 다시 정의 내리자면 실천적 지식이란 교사가 교육을 실천하는 데 있어서 기반이 되는 지식으로 교육과정에 학생들에게 전달되는 중요한 원천이라 할 수 있다. 이러한 실천적 지식은 교사의 실천 경험을 통해 구성되는 특징이 있다고 하겠다.

이러한 교사의 실천적 지식에 대한 관심은 교사의 역할에 대한 재개념화에 따라 폭넓고 다양하게 확산되었다. 전통적으로 교사의 역할은 외부에서 개발된 교육과정을 학생들에게 전달하는 전달자, 교육이론을 교육 현장에 적용하는 적용자였지만, 1980년대 교사를 교육과정의 전달자가 아닌 교육과정의 개발자로, 교육이론의 적용자가 아닌 교육 실천 연구자이자 교육적 지식의 구성자로 재개념화하면서 교사의 실천적 지식에 관한 관심이 증가한 것이다(서경혜, 2010). 물론 관심의 증가와 함께 교사의 실천적 지식에 관한 연구도 활성화되었다. 이러한 연구들(예컨대, Clandinin, 1985, 1986; Cornett, 1987; Elbaz, 1981, 1983; Sanders & McCutcheon, 1986 등) 특히 실제 교사들의 사례연구를 통해 얻은 결과를 살펴보면 교사들이 교사양성교육이나 교사 연수에서 배운 지식을 마치 스펀지처럼 흡수하여 학교 현장에서 적용하는 것이 아니라, 교육을 실천하는 과정에서 자신의 교육신념 및 가치관 아래 전달하고자 하는 지식을 적극적으로 재구성하고 있음을 보여주었다. 이러한 교사의 실천적 지식에 관한 연구들은 구성주의의 영향과 함께 더욱 확산되었다(서경혜, 2010).

③ Gibson & Dembo의 교사 효능감

심리학과 교육학 분야의 연구자들에 의해 개념화된 교사 효능감에 대한 개념은 자기 효능감 개념에 근거하고 있다. 즉 자신의 특정한 행동이 어떠한 결과를 가져올지에 대한 기대, 어떠한 목적을 달성하는 데 필요한 행동을 자신이 수행할 수 있는지를 의미하는 자기 효능감에서 교육 효능감이 정의된 것이다. 학습을 조절하고 학과목을 습득하기 위한 자신의 효능감에 대한 학생의 신념, 학생에게 동기를 부여하고 학습을 북돋워 주는 것이 교사의 효능감이다 (김선영, 이경옥, 2005).

Gibson과 Dembo(1984) 역시 교육 효능감을 두 가지 요인으로 정의하였다. 즉 결과기대에 해당하는 교수 효능감, 효능기대에 해당하는 개인적 교수 효능감으로 정의한 것이다(김선영, 이경옥, 2005). 교수 효능감이란 교수행위와 학습결과 간의 일반적인 관련성에 대한 교사의 신념 체계이며, 개인적 교수 효능감은 학생들의 긍정적인 성취 변화를 끌어낼 수 있는 자기 자신의 능력에 대한 개인적인 평가이다(Gibson, Dembo, 1984). 이러한 교수 효능감은 많은 경험적 연구를 통해서 그 연구 결과가 보고되고 있으며, 초 · 중등 교사뿐만 아니라 유아 교사를 대상으로 한 연구에서도 그 중요성이 강조되는 연구 결과들이 증명되었다. 유아 교사의 과학, 수학, 동작 등에 대한 교수 효능감이 수업 과정에서 유아에게 직접적인 영향을 미치는 연구 결과가 도출되었다(장영숙 외, 2004; 김은심, 박수미, 2003; 정정희, 2001).

2. 이론과 실제 연계를 위한 교사 교육

한편 교육자의 접근방법뿐만 아니라 교사가 지니는 이론과 실제(경험 등) 를 어떻게 연결하느냐에 대한 문제의식도 중요한 교사 교육 연구방법론 중의 하나이다. 이러한 접근방법은 본 연구가 갖는 목적인 영유아 교사에 대한 지 속가능발전 교육이란 점, 그리고 그들이 갖는 경험과 인식을 통해 그 대안을 찾는다는 점에서 검토가 필요한 부분이다. 이에 관한 내용은 다음과 같다.

1) 이론과 실제 연계 교육의 개념

우선 교사 교육에서 이론과 실제를 연계 또는 통합해야 한다는 것은 대 학의 교사 교육에 대해 제기되는 가장 일반적인 요구 중 하나이다(박상완, 2021). 다만 교사 교육에서 이론과 실제를 연계하는 방식은 연구자에 따라 다양하게 이해되고 있으며 이를 정리해 보면 크게 두 가지로 범주화해 볼 수 있다. 첫째, 이론에서 실천으로(theory-to-practice) 연계되는 모델이다 (Carlson, 1999). Zeichner(2010)는 이를 '이론 적용(application of theory) 모델'로, Sch'n(1983)은 '기술적-합리성 모델(technical-rationalitymodel)'로 칭하고 있다(박상완, 2021). 이론에서 실천으로 연계하는 모델은 이론이 실천 에 더 잘 연결될 수 있도록 하는 데 관심을 두는 것으로 교사 교육에서 이론과 실천의 관계를 이해하는 전통적인 입장이라 할 수 있다. 다만 이론과 실천 간 관계는 대학에서 배운 지식을 현장에 적용하고 전달하는 것으로 단순화하기 는 어려우며 지식, 이론과 현장 적용 사이에는 다양한 요소가 작용한다는 점에서 문제로 지적되고 있다(Shulman, 1998).

둘째, 실천에서 이론으로(practice to theory) 연계하는 모델이다(Zeichner, Kenneth, 2010). 이는 형식적 지식, 명제적 지식에 기반을 둔 전통적 교사 교육은 학교 현장의 교육 실천에 도움이 되지 않는다는 입장에서 실천이 어떻게 이론과 연계되는가에 초점을 둔다(박상완, 2021). 실천에서 이론 모델은 기본적으로 이론 중심의 전통적 교사 교육을 비판하고 교사 교육에서 실천적 측면을 보다 강화할 것을 주장하는 접근이라 할 수 있다. 교사들이 배워야 할 것은 현장 실천 속에서, 실천을 통해 더 잘 배울 수 있다는 것이다(박상완, 2021). 그러나 실천에서 이론 연계 모델이 중시하는 실천 경험은 교사 학습, 전문성 개발에 기여하기보다는 교직 관행에 적응하는 사회화의 과정일 수 있으며 현장 경험이 모두 교육적이라고 보기도 어렵다는 점에서 문제로 지적되고 있다.

결론적으로 이론 중심-실천 중심, 대학-학교 현장이라는 이분법적 구분을 지양하고 양자를 연계하기 위한 새로운 교사교육 접근법, 교사교육 방법에 더 주목할 필요가 있다. 즉 사례 연구 등이 새로운 대안이 될 수 있을 것이다. 1870년대 미국 법률교육에서 발달한 사례 방법은 직업교육으로서보다는 학문으로서 법을 가르치고, 현장 실천에 접근하는 수단이 아니라 법이론을 가르치는 데 효과적이라는 점에서 전문교육을 위한 핵심 교육 방법으로 발달하였으며, 이후 사례 방법은 의사 교육, 경영교육 등 타 전문교육 분야로 확산되었으며 오늘날에도 핵심 교육 방법으로 자리 잡고 있다(박상완, 2021).

2) 이론과 실제 연계 교육이론

① Dewey의 관점

실험실 교육 기반 교사교육과 실천에 기초한 이론을 설명하고 있는 Dewey(1904)의 "교육에서 실천에 대한 이론의 관계" 논문은 과거의 이론과 실제를 분리하는 교육이론에서 벗어나 교사 교육에서 이론과 실천 관계를 논의하기 시작하는 출발점이라 할 수 있다(Shulman, 1998). Dewey(1904)는 교사를 위한 전문교육은 이론 또는 실제 등으로 구분함으로써 발생하는 한 분야에만 집중하는 것이 아닌 이론과 실제 작업 모두를 포함하는 것으로 보고 전문교육이라는 맥락에서 분리가 아닌 어떻게 이론과 실천이 조화롭게 연계되는가에 주목하였다. 즉 Dewey는 교사 교육에서 이론적 준비, 이론 교육은 교과를 가르치는 교사들에게 필수적으로 요구되지만, 교사 교육이 전적으로 이론적인 것은 아니며 일정 정도 실천적인 작업을 포함하는 것을 당연한 것으로 이해하였다.

또한 Dewey는 교사 교육에서 이론과 실제의 연계를 위한 사례 방법의 활용 가능성 탐색을 중요하게 생각했다. 즉 매일매일 이루어지는 일상적인 실천적 과업을 보다 잘 수행하기 위해서 그리고 이론적 과업(교과 지식, 교육 원리 및 이론에 대한 지식 등)을 보다 현실적으로 이해하고 이론에 정보를 제공하거나 이론을 검증하는 과정이 필요하다는 의미이다(박상완, 2021). 따라서 Dewey는 가장 좋은 실천 사례를 보여주거나 연습을 통해 교사 학습이 이루어지는 것이 가장 좋은 방법임을 증명했으며, 새로운 실천을 실험하고 검증되지 않은 제안을 시도하는 상황 역시 필요함을 강조하였다.

② Pring의 관점

Pring은 교육 연구의 주요 대상은 가치 지향적 활동으로서 교수와 학습, 즉 교육 실천이 되어야 하며 이와 관련한 교육 연구는 지식 생산을 위한 일반연구와 달리 교육 실천의 이해와 개선 방법, 현장 실천가인 교육자들이 전문적인 판단을 내릴 수 있도록 개선하는 데에 이바지해야 한다고 주장한다(곽덕주 외, 2015). 즉 교육과 실제의 연계란 점에서 Pring의 관점에서 보면 교육연구는 교수와 학습, 교사와 학생 간 상호작용을 주요 대상으로 하기에 교사들이 가장 잘 수행할 수 있으며, 교육 실천을 개선하기 위한 연구, 교사가 수행하는 실행연구, 연구자로서 교사, 교육 실천을 대상으로 하는 교육 연구를 중시한다는 것이다.

한편 이러한 교육 연구 과정에서 Pring은 연구를 통해 가치 있고 효과적인 실천에 대한 이론을 정립해야 한다거나 교사 교육에서 이론을 먼저 배우고 나서 이것을 실천에 옮겨야 한다는 교수 과학적 입장에 비판적이다. 즉 이러한 접근은 효과적인 교육 실천을 위한 올바른 법칙이 있는 것으로 가정하고 실천에 앞서 만들어지고 실천에 대해 잘 기술된 안내로서의 이론을 정립한다는 의미이지만 이는 이론과 실천의 관계를 잘못 파악하는 것이라 비판한다. Pring은 이러한 전제를 부정하고 그 대안으로서 교사 교육은 교육 연구를 통해 발달한 전문적 지식을 활용할 뿐 아니라 예비교사들이 실천자가 아닌 연구자가 되도록 교육하는 과정으로 정의하고 있다(박상완, 2021). 그 이유는 교육 실천의 복잡성뿐만 아니라 교육을 실천하는 과정에 존재하는 신념, 가치, 가정 등의 복잡성, 특정 학교나 학급 상황의 고유한 특수성 등을 고려할 때 오직 교사만이 교실을 이해할 수 있기 때문이다(곽덕주 외, 2015). 즉 교사는 교육

연구의 핵심 자료를 수집하는 특권적인 위치에 있으며, 교사는 교육 연구의 대상이 아니라 교사 자신이 연구자가 될 필요가 있다(박상완, 2021).

③ Korthagen의 관점

Korthagen(2010a)은 전통적 교사 교육에서 다루는 지식의 성격과 이론과 실천의 분리를 비판적으로 분석하고 현실적 교사 교육이라는 대안적 교사 교육 모델을 제안하였다. 전통적 교사 교육의 문제로 Korthagen(2010b)은 교사 교육에서 다루는 지식의 성격과 이러한 지식이 현장에서 적용되는 과정에 전이 문제가 발생한다는 것이다. 즉 실천 과정에서 교사들은 대학에서 배운 이론보다 현실적인 모델(동료 교사)에 더 의존하며, 예비 교사들은 교사 교육자들이 제시하는 추상적이고 일반적인 전문가 지식보다 즉각적이고 구체적인 답을 원하게 된다는 것이다(Korthagen, 2010).

이와 대비되는 Korthagen이 제시하는 현실적 교사 교육은 이론에서 실제로 옮겨가는 전통적 접근을 거부하고 그 반대인 현실 속에 깔려 있는 인간 활동에 초점을 두는 '실제에서 이론으로의 접근'이라 할 수 있다. 즉 Korthagen이 제시한 현실적 교사 교육 모델은 행동과 반성 과정의 5단계(행동 → 행동에 대한 반성 → 본질적 양상의 인식 → 대안적 행동 방법 구상 → 시도)로 구성되는 순환과정으로 주된 관심은 예비 교사들이 현재 당면한 문제 구조를 인식하게 하고 교사교육과 학교 현장 사이의 거리를 줄이거나 없앨 방안을 제공하며 경험 학습과 경험에 대한 반성 등이다(박상완, 2021).

지속가능발전 목표 및 교육

1. 지속가능발전의 개념 및 전통

1) ESSD의 등장과 미래세대

지속가능성(Sustainability) 개념은 19세기 후반부터 20세기 초 어업자원 지침으로 지속가능한 최대 허용 어획량(MSY: Maximum Sustainable Yield) 형태로 이미 사용되었다(이창헌, 2022). 또한 자원의 고갈과 관련한 환경오염에 관한 역대의 소설들, R. Carson 여사의 『침묵의 봄(Silent Spring, 1962)』(레이첼 카슨, 1962)과 E.F.Schumacher의 『작은 것이 아름답다(Small is beautiful, 1972)』, 로마 클럽의 『성장의 한계(The Limits to Growth, 1972)』는 우리에게 환경에 대해서 진지하게 고민해 볼 계기를 마련해 주었다(도갑수, 1993). 이러한 흐름에 발맞추어 스톡홀름에서 개최된 유엔인간환경회의(1972)에서는 인간환경선언을 채택하면서 본격적으로 지속가능성이란 개념에 대해 조직적인 관심과 움직임을 보이게 되었다. 이후 1982년에는 나이로비선언으로, 1987년에는 동경선언에서 지속 가능한 발전을 국가의 정책 및 국제협력의 최우선 목표로 삼아야 할 것을 선언하였다. 이러한 선언의 내용을 살펴보면 '지속 가능한 발전(Sustainable Development)'이란 용어는 미래의 세대가 스스로 사용하는 데 손상 받지 않고 충족해 나갈 수 있는 인류사회의 진보를 위한 대응이라고 말할 수 있다.

그 후 1992년 6월 'UN환경개발회의(UNCED)'에서는 리우선언을 통해서 'ESSD(Environmentally Sound and Sustained Development)'라는 용어가 등장하게 되었다. 여기서 등장한 ESSD는 지속가능발전을 범세계적으로 실현하기 위한 '환경적으로 건전하고 지속 가능한 발전'이라는 경제발전과 환경 보전이라는 양립을 추구하기 위해 나온 개념이다(이창헌, 2022). 사실 이러한 지속가능발전 개념이 처음으로 공론화된 계기는 1983년 유엔총회에서 노르웨이 노동당 총재인 그로 할렘 브룬트란트(Gro Harlem Brundtland)를 의장으로 하는 '환경과 개발에 관한 세계위원회(WCED: World Commission on Environment and Development)' 창설이다(주용식, 2019). 이후 1987년 '환경과 개발에 관한 세계위원회'의 브룬트란트 보고서인 '우리의 공통된 미래(Our Common Future)'*에서 처음 제시된 '지속 가능한 발전' 개념이 앞에서 언급한 리우선언에서 사용되고 전 세계 차원에서 실천하기로 결의하게 된 것이다.

참고로 브룬트란트 보고서는 지속가능한 발전을 위한 자원 이용에 있어서

---

* 유엔환경계획(UNEP)의 세계환경개발위원회(WCED)가 "우리 공동의 미래(Our Common Future)"라는 이름의 보고서를 출간하면서 21세기 인류의 미래를 담보할 해법으로 제시한 지속가능한 발전이라는 개념이 더욱 광범위하게 논의되기 시작되었으며, 당시 위원장을 맡고 있던 노르웨이 브룬트란트 수상의 이름을 따 브룬트란트 보고서(Brundtland Report)라고도 불린다(URL http://ncsd.go.kr/background?content=1).

세대 간 형평성과 세대 내 형평성 모두에 관심을 기울일 것을 촉구했다. 즉 세대 간 형평성은 현재의 정책 설계와 미래세대를 위한 정책 설계까지 포함하는 것이고, 미래 아이들의 환경적인 권리를 보장하는 것이다(이창헌, 2022). 이를 중심으로 리우선언과 함께 지구 환경 문제에 대한 관심과 지속가능한 발전을 위한 행동계획을 담은 '의제21(Agenda21)'을 채택하였고, 지역과 세계를 잇는 개념적 틀로 제시되었다.

2) MDGs의 등장과 전환

2000년 9월에 뉴욕에서 열린 제55차 유엔총회에서 채택된 MDGs(새천년 개발목표; Millenium Development Goals)의 등장은 빈곤과 저성장 저개발로 인해 고통받고 있는 사람들의 더 나은 생활 수준을 제공해야 한다는 의미를 담고 있다.* UN 새천년 선언(Millenium Declaration) 이후에 189개의 유엔 회원국이 동의하였으며, 23개의 국제기구들이 MDGs가 달성될 수 있도록 지원했다. 이 MDGs는 21세기 들어오면서 UN이 주도하여 인류의 삶의 질을 높이려는 목표로 광범위한 발전 계획으로 구상되었다. 1998년에 UN의 주도 하에 밀레니엄 포럼(Millennium Forum)이 조직되어 100개국 이상의 나라에서 천여 개의 각종 조직의 대표들이 참가하여 2년여 동안의 연구 끝에 세계의 빈곤 퇴치, 환경보호, 인권 보호 등의 이슈에 대한 광범위한 의견을 수렴하였다(이강민, 2017).

---

* 지속가능발전포털(URL http://ncsd.go.kr/background?content=1).

MDGs란 새천년개발목표의 Millenium Development Goals의 약어로 목표가 제한적이었다는 한계가 있긴 하지만 전 세계의 빈곤을 퇴치하고 환경을 보호하고자 하는 의지가 있었던 것은 분명하다. MDGs는 8개 목표를 두고 있었는데, 이는 다음 [그림 1]과 같다.*

[그림 1] MDGs 8개 목표

그림에서 제시된 각 목표와 성과를 살펴보면 다음과 같다.

① 극심한 빈곤과 기아의 탈출

1달러 이하로 받는 인구를 줄이고 2015년까지 기아 인구를 급감시키는 것을 목표로 하였으며 관련하여 1990년 당시 조사된 빈곤 인구는 19억 명이었으며 2015년 7억 3,600만 명으로 훨씬 줄어든 것으로 평가받고 있다.

---

*   URL http://un.org/millenniumgoals

② 보편적 초등교육의 제공

2015년까지 모든 아동이 초등교육을 받을 수 있도록 하는 것이 목표였으며 그 결과 한 번도 교육받지 못한 아이들의 비율이 20%가 되던 10개국의 나라를 대상으로 했을 때 절반 이하로 줄었다는 점에서 큰 성과를 얻은 것으로 판단하고 있다. 다만 아직 무상 교육의 지원은 늘었지만 교육 시설 등의 지원이 부족한 것으로 평가받고 있다.

③ 성평등과 여성 자력화의 촉진

교육에서의 여자와 남자의 차이를 완전 철폐를 목표로 정하였으며 결과적으로 대부분의 나라에서 성평등 지표는 과거보다 훨씬 상승한 상태로 달성하였다. 다만 일부 국가의 경우 종교적인 이유로 목표 달성에 실패한 것으로 보고되었다.

④ 아동 사망 감소

1990년 대비 2015년까지 5세 미만 영아 사망률을 60% 이상 감소시키는 것이 목표였으나 이 목표를 달성한 국가는 한국을 포함한 12개국에 불과한 것으로 나타났다.

⑤ 산모 건강 증진

1990년 대비 2015년까지 산모 사망률을 80% 이상 감소시키는 것을 목표로 삼았고 많은 부분 개선된 성과를 얻었다. 다만 선진국의 경우 사망률이 감소하기보다는 정체되어 있는 모습이 나타나 이에 대한 다른 접근이 필요한 상태라 할 수 있다.

⑥ 말라리아 등 질병 퇴치

2015년까지 AIDS 확산 저지 및 감소, 말라리아와 같은 주요 질병 발생 저지 등을 목표로 하였으나 아프리카 등 지역에서 AIDS가 여전히 만연되어 있는 상태이다.

⑦ 지속가능한 환경 보장

2020년까지 최소 1억 명 이상의 슬럼 및 빈민가 사람들의 생활 여건 개선, 열대우림 등 환경을 보호함과 동시에 안전한 식수 공급 등이 목표였으며 아직도 환경이 파괴되고 있다는 점에서 그 노력이 지속되는 분야이기도 하다.

⑧ 개발을 위한 국제적 협력관계 구축

ODA 활동의 확대, 개발 도상국 청년층들을 위한 일자리 창출, 민간 제약 회사 등과 협력하여 의약품 제공, 정보통신 등 신기술 혜택 확산 등 여러 복합적인 목표가 포함되어 있다. 다만 2008년 세계 경제 위기 등으로 그 노력이 지연되고 있는 것이 현실이다.

위에서 살펴본 바와 같이 새천년개발목표(MDGs)는 실행 이후 최빈국에서 초등학교에 다니는 학생 수가 증가하고, 5세 미만의 아동이 사망하는 비율이 낮아지는 등의 성과를 보여주었다. 하지만, MDGs가 유엔 내부의 소수 사람만 참여하였고, 목표가 8개로 제한적이어서 전 세계의 환경보호에는 역부족이었다. 이에 더 광범위하고 전 세계를 아우를 수 있는 새로운 목표가 수립되어야 한다는 의견과 때마침 2015년까지가 약속된 기간이 만료되면서 새로운 개발 목표에 대한 의견이 한층 힘을 얻게 되었다. 이러한 요구에 따라 새롭게 등장하게 된 것이 '지속가능발전목표(SDGs: Sustainable Development Goals)'이다(이창헌, 2022).

2. 지속가능발전목표(SDGs)

지속가능발전종합목표(SDGs)는 2016에서 2030년까지 모든 나라가 공동으로 추진해 나갈 목표 설정으로 지난 2000년 9월 뉴욕에서 열린 제55차 유엔총회에서 채택된 새천년개발목표(MDGs: Millenium Development Goals)의 후속 사업으로 진행되었다. 즉 2012년 6월 열린 '리우+20 정상회의'에서는 '우리가 원하는 미래(The Future We Want)'라는 제목의 선언문을 채택하고, 지속가능한 발전에 대한 의지를 재확인하면서 새롭게 대두된 지속가

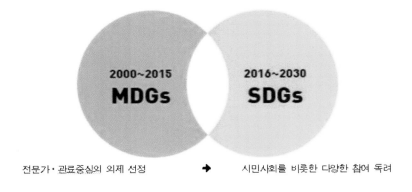

[그림 2] SDG 선정의 패러다임

능발전목표이다. 이 선언문을 통해 경제 위기, 사회적 불안정, 기후변화, 빈곤 퇴치 등 범지구적 문제에 대한 각국의 행동을 촉구하였고 새천년개발목표(MDGs)를 대체하는 지속가능발전목표(SDGs)를 설정하는 절차에 합의함으로써 새로운 개념으로 등장한 것이다.

새천년개발목표, 즉 MDGs는 저성장 저개발로 인한 빈곤의 퇴치를 최우선 목표로 하고 있으며, 더 나아가 경제적 세계화로 인해 발생한 새로운 문제인 경제적, 사회적 양극화, 각종 사회적 불평등 심화, 지구환경의 파괴 등 각국이 갖는 공통의 지속가능발전의 위협요인 등을 동시적으로 해결하고자 마련된 국가적, 국제적인 아젠다였다. 반면 SDGs는 [그림 2]와 같이 전문가 · 관료 중심의 의제 선정에만 머무는 것이 아닌 참여의 다양성을 고려하고 있다는 특징을 갖고 있다. 즉 시민사회와 주민 당사자의 목소리를 제대로 반영하지 못한 MDGs의 한계 극복을 위해 시민사회를 포함한 다양한 주체의 참여를 적극적으로 보장하였다는 차이점을 지니고 있다.

'2030 지속가능발전 의제'라고도 불리는 지속가능발전목표(SDGs)는 '단한 사람도 소외되지 않는 것(Leave no one behind)'이라는 슬로건과 함께 다음 [그림 3]과 같이 인간, 지구, 번영, 평화, 파트너십이라는 5개 영역에서 인류가 나아가야 할 방향성을 17개 목표와 169개 세부 목표를 제시하고 있다(URL http://ncsd.go.kr/).

[그림 3] SDGs의 다섯 가지 구성요소

① 인간

모든 형태의 빈곤과 기아를 종식하고, 모든 인간이 존엄과 평등 속에서, 그리고 건강한 환경에서 자신의 잠재력을 실현할 수 있도록 보장할 것을 의미한다(환경부, 2015). 핵심어는 빈곤과 기아, 존엄과 평등, 건강한 환경, 인간의 잠재력 등이다(이창헌, 2022).

② 지구환경

현세대와 미래세대 모두 지원할 수 있도록 지속 가능한 소비와 생산을 하고, 지구 천연자원을 지속 가능한 방식으로 관리하며, 기후변화에 대한 시급한 조치 등 지구를 보호하는 것을 의미한다(환경부, 2015). 세대 간 형평성, 지속 가능한 생산과 소비, 자연자원의 지속 가능한 관리, 기후 위기 대응, 지구의 지속 가능성 등이 핵심어이다(이창헌, 2022).

③ 번영

모든 인간이 풍요롭고 보람 있는 삶을 향유할 수 있고 자연과의 조화 속에 경제, 사회, 기술의 진보가 이루어지도록 보장하는 것을 의미한다(환경부, 2015). 풍요로운 삶, 자연과 조화를 이루는 진보 등이 경제발전, 번영과 관련한 핵심어이다(이창헌, 2022).

④ 평화

공포와 폭력이 없는 평화롭고 공정하며 포용적인 사회를 만드는 것을 의미한다. 즉 평화 없는 지속 가능한 개발은 있을 수 없으며, 지속 가능한 발전 없는 평화는 있을 수 없다는 의미이다(환경부, 2015). 핵심어는 평화, 공정, 포용이다(이창헌, 2022).

⑤ 파트너십

강화된 글로벌 연대의 정신에 기초하고, 특히 최빈곤층과 최취약층의 요구에 초점을 맞추며, 모든 국가, 모든 이해 관계자 및 모든 사람이 참여하는 활성화된 지속가능발전 글로벌 파트너십(Global Partnership for Sustainable Development)을 통해 본 의제의 이행에 요구되는 수단을 동원할 것을 의미한다(환경부, 2015). 파트너십과 관련된 핵심어는 글로벌 연대 정신, 사회적 약자에 초점, 모든 국가와 모든 이해 관계자의 참여, 파트너십 등이다(이창헌, 2022).

[그림 4] UN SDGs의 17개 목표

앞서 언급한 바와 같이 지속 가능한 발전 목표(SDGs) 체계는 [그림 4]와 같이 17개의 목표, 169개 세부 목표로 구성되어 있다. 모든 형태의 빈곤 퇴치를 최우선의 과제로 구성하고 경제·사회·환경 3대 축이 균형 있게 틀화된 지속가능발전을 위한 목표 체계로 구성되어 있다. 그 내용은 다음의 〈표 1〉과 같다.

〈표 1〉 지속가능발전목표(SDGs)와 주요 내용

구분		주요 내용
사회	① 빈곤감소 및 사회안전망 강화	모든 곳에서 모든 형태의 빈곤 퇴치
	② 기아 종식	기아종식, 식량안보와 개선된 영양상태 달성, 지속할 수 있는 농업 강화
	③ 건강과 참살이	모든 연령층을 위한 건강한 삶 보장과 복지 증진
	④ 양질의 교육	모두를 위한 포용적, 공평한 양질의 교육 보장 및 평생학습 기회 제공
	⑤ 성평등	양성평등 달성과 모든 여성 및 여아의 권익 신장
	⑥ 깨끗한 물관리	모두를 위한 물과 위생의 이용과 지속가능한 관리 보장
	⑦ 모두를 위한 친환경 에너지	적정한 가격에 신뢰할 수 있고 지속가능한 현대적인 에너지에 대한 접근 보장
경제	⑧ 좋은 일자리와 경제성장	포용적이고 지속가능한 경제성장, 완전하고 생산적인 고용과 모두를 위한 양질의 일자리 증진
	⑨ 사회시설 기반 및 연구·개발	회복력 있는 사회기반시설 구축, 포용적이고 지속가능한 산업화 증진과 혁신 도모
	⑩ 불평등 해소	국내 및 국가 간 불평등 감소
	⑪ 지속가능한 도시와 주거지	포용적이고 안전하며 회복력 있고 지속가능한 도시와 주거지 조성
	⑫ 지속가능한 소비/생산	지속가능한 소비와 생산 양식의 보장
환경	⑬ 기후변화 대응	기후변화와 그로 인한 영향에 맞서기 위한 긴급 대응
	⑭ 해양생태계 보전	지속가능발전을 위한 대양, 바다, 해양자원의 보전과 지속가능한 이용
	⑮ 육상생태계 보전	지속가능발전을 위한 평화롭고 포용적인 사회 증진, 모두에게 정의를 보장, 모든 수준에서 효과적이며 책임감 있고 포용적인 제도 구축
틀	⑯ 인권, 정의, 평화	지속가능발전을 위한 평화롭고 포용적인 사회 증진, 모두에게 정의를 보장, 모든 수준에서 효과적이며 책임감 있고 포용적인 제도 구축
	⑰ 지구촌 협력 강화	이행 수단 강화와 지속가능발전을 위한 국제적 동반관계의 활성화

자료: 최은영 외 5명, 『영유아기 지속가능발전교육 실천 방안 연구』, 2020, p. 29. 표 편집 및 내용 추가.

3. 지속가능발전교육(ESD)

1992년 리우에서 등장한 ESSD의 교육이 지속가능발전을 이행하는 데 중요한 역할을 담당한다는 인식하에 2002년 UN 총회에서 '지속가능발전교육 10년(DESD: Decade of Education for Sustainable Development)'을 선언하고, 정부가 지속가능성 원칙을 교육 전략 및 이행 계획에 반영할 것을 촉구하기 시작했다. 이후 2014년 DESD가 종료되고 그 후속 조치로 SDGs의 교육 전략이 ESD가 된다.

따라서 지속가능발전교육(ESD)은 지속가능발전목표, 즉 SDGs의 세부 목표 '④ 양질의 교육'의 핵심 요소의 구현으로 해석할 수 있다. 다만 ESD의 내용이 세부 목표 '④ 양질의 교육'에 국한되는 것은 아니다. SDGs의 모든 17개 목표와 관련된 내용을 담고 있으며, 특히 ESD가 뚜렷하게 자리해 있는 SDGs의 세부 목표 '④ 양질의 교육'의 구현방식으로 이에 명시된 국제 교육 의제와 지속적으로 관련된 특징이 있다.

〈표 2〉 ESD 구성 요소

	구성 요소
사회 문화	① 인권(관용, 권리, 배려, 자기존중, 정체성, 타인존중)
	② 평화(갈등 해결, 세계 평화, 예의/예절, 협동, 통일)
	③ 안전(환경 안전)
	④ 문화 다양성(다양성 인정)
	⑤ 사회정의(공익, 도움, 준법의식, 책임)

구성 요소	
사회 문화	⑥ 건강과 식품(신체건강, 질병예방, 식거리와 관련한 비만, 약물 등)
	⑦ 양성평등
	⑧ 시민참여(공동체 인식, 문제해결 능력, 사회 참여, 양심)
	⑨ 소양(매체, ICT 활용)
	⑩ 세계, 국제적 책임(상호의존, 세계문제 인식, 세계문제 참여)
환경	⑪ 천연자원(공기, 물, 자연세계, 자원 고갈, 자원 보존, 자원 순환, 자원 절약, 자원의 필요성)
	⑫ 에너지(신재생 에너지, 에너지 절약)
	⑬ 기후변화(기후변화 감소 노력, 이상기후, 지구 온난화, 해수면 상승)
	⑭ 생물 다양성(다양성 보전, 멸종위기, 생명 존중, 생물의 가치, 생태계, 서식처 보호)
	⑮ 환경문제(대기오염, 수질오염, 쓰레기, 오염의 영향, 자연 훼손, 토양 오염, 환경 보존)
	⑯ 지속가능한 식량생산(친환경 농법, 음식물 쓰레기)
	⑰ 지속가능한 지역사회(우리 동네 생활)
	⑱ 재해예방 및 감소(재앙 등의 대처 방법)
	⑲ 교통(교통안전, 대중교통, 친환경 교통)
경제	⑳ 지속가능한 생산과 소비(공정무역, 소비감소, 재사용, 재활용, 친환경 생산, 친환경 소비)
	㉑ 시장 경제(가격, 교환, 선택, 시장, 욕구, 절약, 필요, 화폐)
	㉒ 빈부격차 완화(직업, 분배, 세계 기아)
	㉓ 기업의 지속가능성(건전한 기업윤리, 기업의 책임과 의무 등)

자료: 최은영 외 5명, 『영유아기 지속가능발전교육 실천 방안 연구』, 2020, p. 200. 표 편집.

한편 ESD는 17개 SDGs를 위한 교육의 역할을 강조하고 있다. 2019년 UN 총회 결의안에서는 모든 국가에 자국 내 ESD 이행 강화를 촉구할 것을 강조하였으며, ESD를 SDG 4번 목표의 필수요소이자 다른 모든 SDGs의 핵심 원동력이라 명시했다.

결과적으로 ESD는 양질의 교육을 위한 핵심 요소이며, 학습의 인지·사회-정서·행동적 차원에서의 ESD의 범분야적 역량으로 인해 모든 영역의 교육과 관련되게 된다(국제연합교육과학문화기구, 2021). 공감, 연대 및 실천과 관련된 역량을 ESD가 특별히 강조하는 점은, 교육이 개인의 성공만이 아니라 지구 공동체 전체의 집단적 생존과 번영에 기여하는 미래를 구축하고, SDG4를 촉진하는 데 도움이 될 수 있다는 전제를 갖고 있다.* ESD의 주요 내용과 구성요소는 앞의 〈표 2〉와 같다.

4. 외국의 지속가능발전 영유아 교육사례

1) 독일의 지속가능발전교육

독일은 연방정부가 지속가능발전을 국가적 과제로 추진하면서 환경교육에서 지속가능한 발전을 위한 교육으로 패러다임을 전환한 대표적인 나라이다. 독일은 지속가능한 발전을 국가정책의 핵심 목표로 삼고, 세대 간의 형평성, 사회적인 결속력, 삶의 질, 그리고 국제적인 책임감의 인식 등을 중요한 문제로 보고, 경제적인 능력, 자연적인 삶의 보호, 사회적 책임이 함께 어우러질 수 있는 정책을 행동 목표와 척도로 삼고 있다(남유선, 2009).

독일의 지속가능발전교육에서 가장 눈에 띄는 점 중 하나는 환경교육은 첫째, 모든 수업 교과의 교수안과 지침에서 수업 원리로서 명시되어야 한다

---

* 유네스코한국위원회(URL https://esd.unesco.or.kr/#tab-a4ad65f44bc49236b7d).

는 점, 둘째, 교과 교수안들을 조정하여 개별교과를 넘어서는 환경교육이 중점교과들에서 가능해야 한다는 점을 강조한다는 점이다(정기섭, 2010). 이미 1997년에 발간된 연방정부의 『제1차 환경교육 보고서』에서 지속가능발전이 국가적 과제로 추진됨으로써 환경정책은 지속가능발전의 달성을 위한 공동의 전략적 연결고리이며, "환경교육은 지속가능발전교육의 필수적인 구성요소이다"라는 입장을 분명히 밝혔다. 독일의 지속가능발전교육이 학교 교육에서 보다 구체화하고 명백하게 된 것은 1999년부터 시작되어 2004년까지 지속되어 온 교육계획 및 연구 촉진을 위한 연방-주-위원회에서 진행한 프로젝트인 "지속가능발전을 위한 교육프로그램 21(Bund -Lander- Kommission Program 21)"과 2004년부터 2008년까지 시행된 후속 프로그램인 'Transfer 21'에서이다(김은정 외, 2012).

2) 스웨덴의 지속가능발전교육

스웨덴의 영유아 교육사례의 특징은 영유아를 능동적인 글로벌 시민으로 성장시키기 위해 적극적으로 지속가능발전교육을 실시한다는 점이다. 영유아 교육·보육에서 지속가능발전교육을 시작하는 포인트는 두 가지로, 하나는 영유아의 미래나 그들의 참여에 관해서 능동적인 주체자로 간주하는 것이고, 다른 하나는 이해 관계자로 간주하는 것이다(최은영 외, 2020).

스웨덴의 경우 프리스쿨 교육과정에 교육은 영유아에게 그들을 둘러싼 환경과 자연, 사회에 대한 생태학적, 돌봄적 접근을 배울 기회를 제공해야 한다고 명시하고 있다(Billmayer, J. & Bergnehr, D., 2018). 즉 우리나라의 표준보육과정 및 누리과정과 같은 영유아 교육과정에 지속가능발전 개념이 명백하게 드러나 있다는 의미이다. 또한 교육과정에 지속가능발전교육의 중요한 요소인 환경적, 사회적, 경제적 측면을 통합적으로 다루도록 지원하고 있다. 환경적 측면에서는 기후변화, 재난 방지와 자연 자원을, 사회적 측면에서는 인간 권리, 성평등, 건강과 문화적 다양성을, 경제적 측면에서는 빈곤 감소, 소비, 시장경제, 공동 책임과 책무성을 강조하고 있다.

한편 스웨덴의 지속가능발전교육의 한 예로써 녹색 깃발 프리스쿨(Green Flag Preschool) 활동을 들 수 있다. 하나의 인증제도로서 녹색 깃발 인증을 받은 프리스쿨은 보통 Keep Sweden Tidy Foundation에서 공유하는 여러 주제를 다루며, 기관이 인증받았다는 것은 ESD의 내용이 질적인 측면에서 검증되었음을 의미한다. 인증받는 데 필요한 기준은 글로벌 SDGs와 연결이 되고 있는지, 다른 교육 방법을 운영하는지, 민주적인 방법으로 운영하는지, 유아의 참여를 보장하는지, 프리스쿨 외부에 활동이 가시적으로 드러나는지 등이다 (최은영 외, 2020).

3) 호주의 지속가능발전교육

호주의 경우 지속가능발전교육에 대해서 생각, 행동, 응용하는 것에는 옳은 하나의 방법보다는 다양한 접근을 통해 교육을 실현하고 있는 특징을 갖고 있다(Kemmis, 2009). 특히 교사는 개인이나 전문가 입장에서 지속가능성에 대해 능동적으로 대처하는 노력을 게을리해서는 안 된다. 현장에서 지속가능성에 대해 더 깊은 사고를 요구하는 것은 단순히 '녹색' 활동에 대한 실용적인 목록을 교사나 유아에게 제공하기보다는 변화를 가져올 수 있는 토대를 마련하기 위함이란 목적이 크기 때문이다(Young, Elliott, 2014). 이러한 사명과 개념 아래 교사는 지속가능발전이라는 자신의 사고의 체제를 도전해 보고 변형시키도록 유도하고 있다.

호주의 지속가능발전에 대한 영유아 교육은 1980년대 중반부터 유아교육 현장에서 이루어져 왔으며 현재는 그 관심이 더 커지고 있는 것이 현실이다. 이러한 특징은 호주의 영유아교육·보육에서 공식적인 문서인 국가수준기준(NQS: National Quality Standard)과 호주 영유아기 학습체제(Belonging, Being and Becoming: The Early Years Learning Framework for Australia)에서 그 지원을 찾아볼 수 있다(최은영 외, 2020).

4) 일본의 지속가능발전교육

일본에서는 19세기부터 자연 친화 교육이나 자연을 기반으로 한 교육이 유아의 학습이나 발달에 도움이 된다고 주장할 만큼 자연과 교육을 연결시키고자 하는 역사가 깊은 것으로 알려져 있다(Inoue, Elliott, Mitsuhashi, 2019). 다만 일본에서 자연에 기반을 둔 교육이 강조되는 점은 단순히 공식적인 교육과정 문서나 교사를 위한 핸드북에 여러 번 기술되어 있을 뿐 이러한 접근이 지속가능발전교육 내용이라 할 수 있는 환경 이슈, 지속가능성, 생태계, 생태시스템, 생태학적 사고나 환경교육에 대한 체계적 접근은 이루어지지 않는 것 같다(최은영 외, 2020).

유치원 교사를 위한 핸드북(Teacher's handbook for environmental

education for kindergarten and primary schools) 내용을 살펴보면 유아가 자연 세계에 대해 경이로움이나 아름다움을 느끼거나 직접 경험하는 것이 중요하고 환경에 대한 흥미를 느끼는 것이 중요하다는 점에서 자연 세계를 포함한 환경에 대한 이해가 환경교육에 중요하다고 제시하고 있다. 하지만 이러한 내용은 환경이라는 학습영역에 더 중점을 둔 것이며 지속가능교육과는 거리가 있다고 볼 수 있다.

이러한 자연 친화적 교육 방침의 대표적 예는 1980년대부터 시작된 숲 유치원을 들 수 있을 것이다. 숲 유치원에서 유아는 쌀이나 채소를 경작하기, 씨심기, 물 긷기, 추수하기, 요리하기, 먹기, 퇴비 주기 등을 경험한다. 이러한 과정에서 유아는 지구의 지속가능성에 대한 인식을 받아들인다고 하겠다. 즉 환경교육과 지속가능발전교육의 두 가지 공통점은 유아 중심 페다고지와 지역사회 참여라고 말할 수 있을 만큼 관점을 공유하고 있다(최은영 외, 2020).

5) 캐나다의 지속가능발전교육

캐나다의 교육학습부는 2004년부터 지속가능발전교육을 유치원부터 12학년에 이르는 지속가능을 위한 교육의 실행계획 중의 하나로 개발하여 최우선 순위를 두었다(최은영 외, 2020). 이어 2009년에는 캐나다 지역에서 최초로 교육학습부의 미션으로 지속가능발전교육을 설정하였다(Canada Manitoba, 2020).

캐나다의 지속가능발전교육의 비전은 학습자가 지식을 가지고 있으며 책임감 있는 의사결정자로 시민으로서 적극적인 역할을 수행하는 것이며 현재와 미래에 모든 사람을 위한 사회적, 환경적, 경제적 참살이와 평등한 삶에 기여하는 것이다(최은영 외, 2020). 지속가능발전교육을 위해 지속가능성에 대한 통합적 접근을 강조하는데 이는 교육과정을 가로지르는 지속가능성을 말하는 것(예: 교수, 학습)이며 기관의 시설 및 운영(예: 생태 발자국 줄이기), 역량 함양을 위한 노력(예: 교사 교육), 관리(예: 지속가능한 학교 계획 및 정책)를 모두 포함한다. 운영방식은 지역이나 맥락에 따라 달라질 것이고, 모든 학교는 지속가능발전교육 계획을 갖추어야 하며 상황에 따라 2-3년간의 단기 계획, 이상의 중장기 계획을 세워 활용할 수 있다(Canada Manitoba, 2020).

우리나라 유아교육과 지속가능발전 교육

어린이집 및 유치원에서 운영하는 영유아 보육과정(이하, '표준보육과정')
은 0-5세 영유아를 위한 국가 수준의 보육과정이라 칭하며, 0-1세 보육과
정, 2세 보육과정, 3-5세 보육과정(누리과정)으로 구성된다(보건복지부, 제
2020-75호). 이에 이 절에서는 교육과정이 유사한 0-1세 보육과정과 2세 보
육과정을 포함한 0-2세 표준보육과정과 어린이집과 유치원으로 이분화된 특
징을 갖는 3-5세 누리과정으로 구분하여 설명하였다. 또한 이 과정을 중심으
로 지속가능발전 교육 개념이 어느 정도 반영되어 있는지에 대한 기존 연구에
대해서도 추가로 살펴보았다.

1. 0-2세 표준보육과정

1) 표준보육과정 성격 및 개정

어린이집과 유치원에서 운영하는 영유아 보육과정은 국가 수준의 보육 목
표와 영유아의 발달과 개인차를 고려하여 이들이 경험하게 될 보편적인 보육

내용을 중심으로 제시되고 있다. 따라서 영유아 보육과정의 목적은 영유아의 전인적인 성장과 발달을 돕고 민주시민으로서의 자질을 길러 영유아가 심신이 건강하고 조화로운 사회 구성원으로 자랄 수 있도록 하는 데 있다(보건복지부, 2020).

우리나라는 이러한 영유아 보육과정의 목적 달성을 위하여 1991년 영유아 보육법을 제정함으로써 보육의 법적 개념의 토대를 구축하였고, 2004년에 개정된 영유아보육법 제29조 및 제30조에 의거하여 영유아 표준보육과정 개발과 보급 근거를 마련하였다. 그 이후 같은 법 같은 조항에 따라 2005년에는 여성가족부는『표준보육과정』을 연구ㆍ개발하였고, 2006년 11월 10일 영유아보육법 시행규칙 제30조 및 별표8의 4를 통해 표준보육과정이 마련되었다. 이어서 2007년 1월 3일 최초의『표준보육과정의 구체적 보육내용』을 고시하였으며,『표준보육과정』이 고시됨에 따라 2007년부터 0-1세 표준보육과정, 2세 표준보육과정, 3-5세 표준보육과정이 보육 현장에 적용되었다. 이후 점차 급변하는 사회와 보육 환경 및 여건이 변화됨에 따라『표준보육과정』에 대한 부분 개정의 필요성이 대두되었고, 이를 반영하여 2010년 6월 '표준보육과정 개정안 연구'가 본격적으로 시작되었다.

그러나 2011년 5월 2일 정부는 어린이집과 유치원에서 각각 이원화로 운영되던『표준보육과정』과『유치원 교육과정』을 과정만 통합하는 미봉책인 공통과정을 제정하는 것으로 방향이 바뀌는 우여곡절을 겪게 된다. 이에 따라 '표준보육과정' 개정안은 잠시 유보되었고, 그 대안으로 먼저 이원화되어 운영된 어린이집과 유치원의 공통과정으로『5세 누리과정』을 제정하여 2011년 9월에 고시하게 된다. 결과론적으로 0-5세 표준보육과정에서 5세 유아를 위한 보육내용을 누리과정으로 편입 제외하고 분리된 『5세 누리과정』과의 연계를 고려, 재수정한 후 0-4세 영유아를 대상으로 한 『제2차 표준보육과정』을 2012년 2월에 고시하게 된다.

한편 『5세 누리과정』이 제정된 이후 이어서 2013년부터 3-4세까지 누리과정을 확대한다는 도입 계획이 발표되었다. 2012년 3월부터 『5세 누리과정』과 연계하여 『3-4세 연령별 누리과정』이 개발 및 준비되어 2012년 7월에 고시되었고 동시에 기존의 『5세 누리과정』이 보완·개정되었다. 유치원과는 달리 어린이집에서의 0-5세 영유아의 연속적 경험과 연령 간 발달적 연계를 위해서 『제2차 표준보육과정』의 내용 중에서 『3-5세 연령별 누리과정』의 목표와 내용을 고려하여 0-1세 보육과정, 2세 보육과정을 개정하였다. 이와 관련하여 2013년 1월에 3-5세 누리과정을 포함한 『제3차 어린이집 표준보육과정』을 고시하게 된다.

이후 보건복지부는 2017년 12월 제3차 중장기보육기본계획(2018-2022)을 통해서, '영유아의 행복한 성장을 위해 함께 하는 사회'라는 비전 아래 국정과제인 '보육·양육에 대한 사회적 책임 강화'를 실현하기 위한 4개 분야, 즉 보육의 공공성 강화, 보육체계 개편, 보육서비스의 품질 향상, 부모 양육지원 확대를 제시하였다. 이는 영유아의 교육수요 변화 등을 고려하여 누리과정의 개편이 진행된다는 계획으로 0-2세 표준보육과정도 영아의 놀 권리 및 균형적 발달을 고려하여 개정을 추진한다는 내용을 담고 있다.

최근의 2019년 시행 계획에서는 누리과정 개정에 따라 영유아 특성에 맞춰 표준보육과정을 개선하고자 『제3차 어린이집 표준보육과정』 개정과 해설서개발 등을 계획하였다. 2019년 말, 어린이집에 다니는 0-5세 대상 보육과정 중 3-5세를 위한 보육과정(누리과정)은 이미 개정되었고, 0-2세는 어린이집에만 해당되므로 보건복지부 주관으로 0-5세 영유아의 연속적 경험과 연령 간 발달적 연계를 위하여 누리과정 개정 방향 및 내용을 고려하여 『제3차 어린이집 표준보육과정』 중 0-1세 및 2세 보육과정의 개정이 필요한 상황이었다. 이를 위해 2019년 10월부터 누리과정 및 표준보육과정 연구진을 중심으로 '『제3차 어린이집 표준보육과정』(0-2세) 개정 연구'를 통해 0-1세 보육과정과 2세 보육과정의 영역별 내용을 개정하였고, 0-2세 보육과정과 3-5세 보육과정(누리과정으로 이미 개정됨)을 포괄하는 총론 일부를 개정하여, 2020년 4월 9일에 『제4차 어린이집 표준보육과정』을 고시하였다.

2) 0-2세 표준보육과정 추구 방향

① 국가 수준의 공통성과 지역, 기관 및 개인의 다양성 동시 추구

0-2세 표준보육과정은 국가 수준에서 보육과정에 대한 공통적 기준을 제시하는 한편, 지역, 기관 및 개인 수준의 특성을 반영하여 보육 과정을 다양하게 운영하는 것을 추구한다(보건복지부, 2020).

이를 설명하자면 우선 국가 수준의 공통성은 각기 다른 어린이집 환경에서 보육 과정을 구성하고 운영할 때 고려해야 할 공통적이고 일반적 기준을 의미하며, 지역 수준의 다양성은 국가 수준의 보육과정을 바탕으로 각 시 · 군 · 구청에서 그 지역사회의 상황과 여건을 고려하여 보육과정을 특색 있게 운영하는 것을 의미한다. 그리고 기관 수준의 다양성은 각 유치원과 어린이집이 국가 수준 보육과정과 지역 수준 보육과정의 특성을 반영하는 동시에 각 기관의 철학, 담당반 및 부모의 특성에 따라 보육과정을 자율적으로 운영하는 것을 의미한다(중앙육아종합지원센터, 2020). 그리고 마지막으로 개인 수준의 다양성이란 영유아 담당 교사가 담당 영유아의 연령 및 개별 특성, 발달 수준 등 개인차를 보육과정에 반영하여 운영하는 것을 의미하며, 교사는 영유아를 개별적 특성을 가진 고유한 존재로 인정하며, 영유아의 흥미와 관심을 보육과정에 반영하여 자율적으로 운영할 수 있도록 하였다는 점에서 의미가 있다(보건복지부, 2020).

이런 점을 고려해볼 때 0-2세 표준보육과정은 공통성과 다양성을 동시에 추구하고 있다는 점을 이해할 수 있을 것이다.

② 영유아의 전인적 발달과 행복을 추구

0-2세 표준보육과정은 영유아가 전인적 발달과 행복을 추구할 권리를 존중하고, 이를 지원하기 위해 영유아가 자유롭고 즐겁게 충분히 놀이할 수 있도록 보육과정을 구성 및 운영해야 한다는 두 가지 측면을 강조하고 있다(중앙육아종합지원센터, 2020). 여기서 영유아가 전인적으로 발달한다는 것은 몸과 마음이 건강하고, 자주적이고, 창의적이며, 감성이 풍부하고, 더불어 사는 사람으로 성장한다는 것을 의미하며, 따라서 어린이집과 유치원은 영유아의 전인적 발달과 행복 추구를 지원하기 위해서 영유아가 자유롭고 즐겁게 충분히 놀이할 수 있도록 보육과정을 구성하고 운영하도록 제시하고 있다(보건복지부, 2020).

③ 영유아 중심과 놀이 중심을 추구

0-2세 표준보육과정은 '영유아 중심과 놀이 중심'을 추구하는 보육과정임을 추구한다. 여기서 표준보육과정이 '영유아 중심'을 추구한다는 의미는 어린이집과 유치원에서 보육과정을 운영하는 과정에서 영유아의 건강과 행복, 놀이를 통한 배움의 가치를 최대한 존중하여 반영하는 것을 의미하며 놀이 중심 추구란 영유아가 주도하는 놀이를 중심으로 보육과정 구성 및 운영을 추구한다는 의미이다. 따라서 교사는 영유아의 목소리에 귀 기울이며, 영유아의 의견을 존중하고 반영하는 보육과정을 구성하고 운영하는 것이 필요하고, 영유아가 놀이하면서 세상을 탐색하고 자신을 표현하며 다른 사람과 교류할 수 있도록 기관과 선생은 교육과정을 준비해야 한다(중앙육아종합지원센터, 2020).

이는 표준보육과정은 교사가 계획하여 주도하는 보육과정에서 이제는 영유아가 주도적으로 놀이하면서 배우는 보육과정으로의 변화를 추구하는 것이다.

④ 영유아의 자율성과 창의성 신장을 추구

0-2세 표준보육과정은 영유아의 자율성과 창의성 신장을 추구하는 보육과정이므로 영유아는 스스로 자신이 할 수 있는 일을 하고, 하고 싶은 일을 선택하며, 자신의 선택과 결정에 대해 책임지는 경험을 하면서 자율성을 기를 수 있도록 도와야 한다.

영유아는 이러한 교육과정을 통해 호기심을 가지고 주변 세계를 탐색하고 탐구하며 재미있는 상상을 해 나가고 자신만의 방식으로 놀이를 변형하고 창조하면서 창의성을 기르게 되는 것이다. 반면, 교사는 영유아가 크고 작은 어려움을 스스로 해결해 가는 모습을 격려하고, 자기 경험과 생각을 자유롭게 표현할 수 있도록 도와줌으로써 영유아의 자율성과 창의성 신장을 지원해야 하는 의무를 지닌다고 하겠다(보건복지부, 2020).

⑤ 영유아, 교사, 원장, 부모 및 지역사회가 함께 실현을 추구

0-2세 표준보육과정은 영유아와 교사, 어린이집과 유치원, 각 영유아 교육 담당 기관이 속한 지역사회와 가정의 협력 및 참여를 통해 함께 실현해 가는 보육과정으로 표준보육과정은 국가 수준의 보육과정이 제시하는 공통적이고 일반적 기준을 바탕으로 교사가 자율성을 가지고 영유아와 함께 보육과정을 만들어 나가는 것을 강조하고 있다(보건복지부, 2020).

즉 교사와 원장은 영유아의 관심과 흥미 및 놀이에 대한 이해를 바탕으로 영유아의 놀이를 지원하는 보육과정의 주체이므로 부모가 영유아 · 놀이 중심 보육과정의 의미를 이해하고 협력할 수 있도록 지원하는 데 노력해야 하는 것이다. 학부모 또한 영유아 · 놀이 중심 보육과정의 의미를 이해하고 영유아가 가정과 기관에서 주도적으로 충분히 놀이할 수 있도록 기관과 협력하고 지원해야 하는 의무를 부과하고 있다. 그리고 마지막으로 영유아 교육 기관은 지역사회의 공공기관이나 단체와 협력하여 지역사회의 인적, 환경적, 문화적 자원을 통해 영유아가 풍부한 경험을 할 수 있도록 적절한 보육과정 운영을 지원하도록 유도하고 있다(중앙육아종합지원센터, 2020).

3) 0-2세 표준보육과정 목표

표준보육과정의 목적은 영유아가 놀이를 통해 심신의 건강과 조화로운 발달을 이루고 바른 인성과 민주 시민의 기초를 형성하는 데에 있으며, 이를 실현하기 위한 목표는 다음과 같다(보건복지부, 2020).

① 자신의 소중함을 알고, 건강하고 안전한 환경에서 즐겁게 생활한다.

0-2세 표준보육과정은 영유아가 자신의 소중함을 알고, 건강하고 안전하게 생활할 수 있도록 돕는 것을 목표로 한다. 영아는 놀이를 통해 몸을 마음껏 움직이며 자신의 감정과 욕구에 귀를 기울여 조절하는 경험을 한다. 또한 영아에게는 일상에서 환경의 변화에 적응하는 데 필요한 건강하고 안전한 생활을 지속적으로 경험하는 것을 중요하게 생각하고 있다.

따라서 유치원과 어린이집은 영유아가 자기 몸과 마음에 대한 긍정적인 생각을 키우고, 자신을 소중히 여기는 사람으로 성장하도록 도와야 할 의무를 지닌다. 또한 영아가 자신의 신체 리듬에 맞게 생활하고, 위험한 상황에 대처하는 방법들을 배울 수 있도록 지원해야 한다. 이러한 0-2세 표준보육과정을 통해 영아는 자신의 소중함을 알게 되고, 건강하고 안전한 환경에서 즐겁게 생활하는 경험을 하며 건강한 사람으로 성장해 나갈 수 있도록 도와야 하는 것이다(보건복지부, 2020).

② 자기 일을 스스로 하고자 한다.

0-2세 표준보육과정은 영유아가 제 생각과 능력을 알아 가면서, 자기 일을

스스로 하고자 하도록 돕는 것을 목표로 한다. 즉 영유아는 표준보육과정을 통해 자신이 하고 싶은 놀이에 적극적으로 참여하고 다양한 시도를 통해 자신이 좋아하고 잘할 수 있는 일에 대해 알아 가며, 자신이 가진 여러 가지 능력을 알아 가는 경험이 쌓여 가는 과정이다.

어린이집과 유치원은 영아가 자신을 이해하고 소중히 여기며 자신의 일을 스스로 하고자 하는 사람으로 성장하도록 도와야 한다. 표준보육과정을 통해 영유아는 자기 일을 스스로 하는 경험을 통해 자주적인 사람으로 성장해 나가도록 이끄는 것이 목표다(보건복지부, 2020).

③ 호기심을 가지고 탐색하며 상상력을 기른다.

0-2세 표준보육과정은 영유아가 주변 세계에 대해 호기심을 가지고 탐색하는 과정을 통해 풍부한 상상력을 기를 수 있도록 돕는 것을 목표로 한다. 즉 놀이를 통해 영아가 한 번도 해 보지 않은 독특한 상상을 하고 새로운 생각을 만들어 내도록 유도하는 것이 목표이다.

따라서 어린이집과 유치원은 영유아가 주변 세계에 대한 호기심을 가지고 자유롭게 상상하는 것을 지원해야 한다. 결과적으로 표준보육과정을 통해 영유아가 호기심을 가지고 상상력을 길러 창의적인 사람으로 성장해 나가도록 이끌어야 한다는 목표를 갖는 것이다(보건복지부, 2020).

④ 일상에서 아름다움에 관심을 가지고 감성을 기른다.

0-2세 표준보육과정은 영유아가 일상에서 주변의 아름다움에 관심을 가지고 느끼며, 아름다움에 대한 감성을 기르도록 돕는 것을 목표로 한다. 따라서

영유아는 자신이 느낀 아름다움과 경이로움, 감성을 자유롭게 표현하는 과정을 즐기며 자연과 주변 환경에 대해 열린 마음을 가지고 누리는 경험이 필요하다.

어린이집과 유치원 등 교육기관은 영유아가 놀이를 통하여 심미적 감성을 키워 갈 수 있도록 도와야 하고 또한 표준보육과정을 통해 영아는 일상에서 아름다움을 느끼고 감성이 풍부한 사람으로 성장해 나갈 수 있도록 도와야 한다(보건복지부, 2020).

⑤ 사람과 자연을 존중하고 소통하는 데 관심을 가진다.

0-2세 표준보육과정은 영유아가 자연을 사랑하고 다른 사람을 존중하고 소통하는 데 관심을 두도록 돕는 것을 목표로 한다. 즉 영유아는 가족과 친구, 이웃과 관계를 맺고 필요할 때 도움을 주고받으며 살아가야 하며, 또한 영유아는 자신과 생각이 다른 사람들과 갈등을 겪을 수도 있으나 이를 해결해 보는 경험도 필요하다.

따라서 영유아 교육을 담당하는 어린이집과 유치원은 영아가 놀이를 통하여 자연을 소중히 여기고 다른 사람과 소통하는 방법을 경험할 기회를 제공해야 하고 표준보육과정을 통해 영아는 사람과 자연을 존중하고 소통하는 데 관심을 가지며 더불어 사는 사람으로 성장해 나가도록 도와야 한다(보건복지부, 2020).

4) 표준보육과정 내용

0-1세 보육과정과 2세 보육과정은 기본생활, 신체운동, 의사소통, 사회관계, 예술경험, 자연탐구 등 6개 영역을 중심으로 구성된다. 각 영역은 영아가 보육과정을 통하여 자연스럽게 경험하거나 경험해야 하는 내용을 6개 영역으로 나누어 제시한 것이다. 영아의 경험은 대부분 일상생활과 놀이를 통해 이루어지고 이러한 일상생활과 놀이는 6개 영역 내용을 통합적으로 포함하고 있다(보건복지부, 2020). 각 영역의 구체적 내용은 다음과 같다.

① 기본생활

0-2세 표준보육과정의 큰 틀은 0-1세 보육과정과 2세 보육과정으로 구분되어 교육과정이 마련되어 있다. 이러한 큰 틀을 중심으로 기본생활 영역은 건강하고 안전한 일상생활을 경험하고 생활 습관의 기초를 형성하는 것을 목표로하고 있다(이미화, 2020). 즉 아래 〈표 3〉과 같이 표준보육과정의 범주인 '기본생활'은 '건강하게 생활하기', '안전하게 생활하기'로 세분되며 각각의 내용은 영유아의 성장에 맞추어 0-1세, 2세 보육과정으로 그 내용을 달리한다.

'건강하게 생활하기'의 경우 도움을 받는 수준에서 스스로 몸을 깨끗이 닦는 수준으로, 음식에 관심을 두고 즐겁게 먹는, 배변 의사의 표현에서 건강한 배변 습관을 갖는 것으로 그 목적을 달리하고 있다. '안전하게 생활하기'의 경우 안전한 상황에서 일상으로 안전을 강조하고, 성장하면서 교통수단 이용에 대해서, 그리고 단순 위험을 인지하는 수준에서 위험한 상황에 대처하는 경험을 갖는 내용을 교육과정에 담고 있다.

〈표 3〉 표준보육과정 주요 내용(1) : 기본생활

내용 범주		0-1세 내용	2세 내용
기본 생활	건강하게 생활하기	도움을 받아 몸을 깨끗이 한다.	자기 몸을 깨끗이 해 본다.
		음식을 즐겁게 먹는다.	음식에 관심을 가지고 즐겁게 먹는다.
		하루 일과를 편안하게 경험한다.	하루 일과를 즐겁게 경험한다.
		배변 의사를 표현한다.	건강한 배변 습관을 갖는다.
	안전하게 생활하기	안전한 상황에서 놀이하고 생활한다.	일상에서 안전하게 놀이하고 생활한다.
		안전한 상황에서 교통수단을 이용해 본다.	교통수단을 안전하게 이용해 본다.
		위험하다는 말에 주의한다.	위험한 상황에 대처하는 방법을 경험한다.

자료: 보건복지부 고시 제2020-75호, pp. 9-21. 표 재구성.

② 신체운동

'신체운동'과 관련한 표준보육과정의 내용은 다음 〈표 4〉와 같다. 아래와 같은 신체운동 영역은 감각으로 탐색하고 감각을 활용하여 신체운동을 즐기는 것을 목표로 하고 있다(보건복지부, 2020). 우선 '신체운동'의 세부 범주는 '감각과 신체 인식하기', '신체활동 즐기기'로 나뉜다. 이러한 범주는 감각, 신체, 대소근육, 운동, 신체활동이라는 주제를 중심으로 신체를 이용하여 활동할 수 있도록 교육과정을 제시하고 있다.

한편 신체운동 영역은 3-5세 누리과정의 목표를 참고해서 연령별 수준을 고려하여 조정하였음을 밝히고 있다. 또한 기존의 3개 내용 범주에서 2개 내용 범주로 축소 조정하였다(이미화, 2020). 그러나 그 내용을 보면 감각과 신체 인식하기 범주는 유지하고 이전의 '신체조절과 기본운동하기', '신체활동에 참여하기' 등 2개의 범주를 '신체활동 즐기기'로 통합하여 강화한 것으로 해석하는 것이 옳다.

〈표 4〉 표준보육과정 주요 내용(2) : 신체운동

내용 범주		0-1세 내용	2세 내용
신체운동	감각과 신체 인식하기	감각적 자극에 반응한다.	감각능력을 활용한다.
		감각으로 주변을 탐색한다.	
		신체를 탐색한다.	신체를 인식하고 움직인다.
	신체활동 즐기기	대소근육을 조절한다.	대소근육을 조절한다.
		기본운동을 시도한다.	기본 운동을 즐긴다.
		실내외 신체활동을 즐긴다.	실내외 신체활동을 즐긴다.

자료: 보건복지부 고시 제2020-75호, pp. 9-21. 표 재구성.

③ 의사소통

'의사소통'과 관련된 표준보육과정의 세부 내용 범주는 다음 〈표 5〉와 같이 '듣기와 말하기', '읽기와 쓰기에 관심 가지기', '책과 이야기 즐기기' 등이다. 의사소통 영역은 의사소통 능력과 상상력의 기초를 형성하고 기르는 것을 목표로 하고 있으며 3-5세 누리과정의 목표와 연계하여 제시하고 있다(보건복지부, 2020).

〈표 5〉 표준보육과정 주요 내용(3) : 의사소통

내용 범주		0-1세 내용	2세 내용
의사소통	듣기와 말하기	표정, 몸짓, 말과 주변의 소리에 관심을 두고 듣는다.	표정, 몸짓, 말과 관심을 두고 듣는다.
		상대방의 이야기를 들으면서 말소리를 낸다.	상대방의 이야기를 듣고 말한다.
		표정, 몸짓, 말소리로 의사를 표현한다.	표정, 몸짓, 말소리로 의사를 표현한다.
			자신의 요구와 느낌을 말한다.
	읽기와 쓰기에 관심 가지기	주변의 그림과 상징에 관심을 가진다.	주변의 그림과 상징, 글자에 관심을 가진다.
		끼적이기에 관심을 가진다.	끼적이며 표현하기를 즐긴다.

내용 범주		0-1세 내용	2세 내용
의사 소통	책과 이야기 즐기기	책에 관심을 가진다.	책에 관심을 가지고 상상한다.
		이야기에 관심을 가진다.	말놀이와 이야기에 재미를 느낀다.

자료: 보건복지부 고시 제2020-75호, pp. 9-21. 표 재구성.

'듣기와 말하기'와 관련된 구체적 내용은 표정, 몸짓, 말에 대한 관심, 상대방의 이야기 등으로 그 수준은 영유아의 성장에 따라 구분되어 있다. '읽기와 쓰기에 관심 가지기'의 주된 주제는 주변의 그림과 상징, 자유롭게 끄적이기 등 자유로운 주제를 담고 있다. 마지막으로 '책과 이야기 즐기기'는 가진 책, 이야기를 중심으로 상상력을 펼칠 수 있도록 기회를 제공하는 것에 초점을 맞추고 있다.

개정된 표준보육과정에서 의사소통 영역은 기존의 표준보육과정의 4개 내용 범주(듣기, 말하기, 쓰기, 읽기)에서 3개 내용 범주(듣기와 말하기, 읽기와 쓰기에 관심 가지기, 책과 이야기 즐기기)로 축소 조정되었다(이미화, 2020).

④ 사회관계

'사회관계'와 관련된 표준보육과정의 세부 내용 범주와 내용은 다음 〈표 6〉과 같다. 제시된 사회관계 영역은 나를 인식하고 다른 사람과 관계를 맺으며 더불어 생활하는 경험을 하는 것을 목표로 하고 있다(보건복지부, 2020).

세부 내용 범주는 '나를 알고 존중하기', '더불어 생활하기'이다. '나를 알고 존중하기'와 관련된 내용은 나를 인식하는 것에서 다른 사람과 구별하는 단계를 교육과정에 담았고, 나에 대해서 욕구와 감정, 내가 좋아하는 것에 대해서 인식할 수 있도록 교육과정을 마련하고 있다. '더불어 생활하기'와 관련된 주제는 애착, 가족, 또래와의 관심 및 놀이, '나를 알고 존중하기' 범주와 유사한 다른 사람의 감정과 행동, 반에서 편하게 지내기 위함과 이를 위한 규칙과 약속 등 사회관계에 대해 인지할 기회 제공이 '사회관계' 범주에 속하는 교육과정의 내용이다.

〈표 6〉 표준보육과정 주요 내용(4) : 사회관계

내용 범주		0-1세 내용	2세 내용
사회 관계	나를 알고 존중하기	나를 인식한다.	나와 다른 사람을 구별한다.
		나의 욕구와 감정을 나타낸다.	나의 감정을 표현한다.
		나와 친숙한 것을 안다.	내가 좋아하는 것을 안다.
	더불어 생활하기	안정적인 애착을 형성한다.	가족에게 관심을 가진다.
		또래에게 관심을 가진다.	또래와 함께 놀이한다.
		다른 사람의 감정과 행동에 관심을 가진다.	다른 사람의 감정과 행동에 반응한다.
		반에서 편안하게 지낸다.	반에서의 규칙과 약속을 알고 지킨다.

자료: 보건복지부 고시 제2020-75호, pp. 9-21. 표 재구성.

한편 개정된 표준보육과정의 기존의 3개 내용 범주에서 2개 내용 범주로 축소 조정하여 '나'와 관련된 내용은 '나를 알고 존중하기'로, 가족을 비롯한 '다른 사람과의 관계'는 '더불어 생활하기'로 통합하여 기술하였으며, 표현에 있어서 '나'와 '자신'의 용어를 '나'로 통일하였다(이미화, 2020).

⑤ 예술경험

'예술경험'과 관련된 표준보육과정의 세부 내용 범주와 내용은 다음 〈표 7〉과 같다. 개정된 예술경험 영역의 목표는 아름다움을 느끼고 경험하며, 즐기는 것이다. 세부 내용 범주는 '아름다움 찾아보기', '창의적으로 표현하기'이다. '아름다움 찾아보기'의 주제는 자연과 생활에서 찾는 아름다움, 아름다움으로 이에 대한 인지 능력을 기르는 과정이다. '창의적으로 표현하기'는 소리와 리듬, 노래 표현, 감각을 통한 미술 경험이다. 특히 이와 관련하여 0-1세의 경우 모방 행동 수준에 머무르지만 2세 과정은 미술 재료와 도구로 표현하기, 경험을 예술로 표현하는 단계까지 제공하고 있는 것을 확인할 수 있다. 이는 0-1세와 2세가 아름다움에 관심을 가지고 예술을 느끼며 감상하는 경험이 사실상 구분되기 때문임을 반영한 표현이다(보건복지부, 2020).

〈표 7〉 표준보육과정 주요 내용(5) : 예술경험

내용 범주		0-1세 내용	2세 내용
예술 경험	아름다움 찾아보기	자연과 생활에서 아름다움을 느낀다.	자연과 생활에서 아름다움을 느끼고 즐긴다.
		아름다움에 관심을 가진다.	아름다움에 관심을 두고 찾아본다.
	창의적으로 표현하기	소리와 리듬, 노래로 표현한다.	익숙한 노래와 리듬을 표현한다.
		감각을 통해 미술을 경험한다.	움직임과 춤으로 자유롭게 표현한다.
		모방 행동을 즐긴다.	미술 재료와 도구로 표현해 본다.
			일상생활 경험을 상상놀이로 표현한다.

자료: 보건복지부 고시 제2020-75호, pp. 9-21. 표 재구성.

⑥ 자연탐구

'자연탐구'와 관련된 표준보육과정의 세부 내용 범주와 내용은 다음 〈표 8〉과 같다.

<표 8> 표준보육과정 주요 내용(5) : 자연탐구

내용 범주		0-1세 내용	2세 내용
자연 탐구	탐구과정 즐기기	주변세계와 자연에 대해 호기심을 가진다.	주변세계와 자연에 대해 호기심을 가진다.
		사물과 자연 탐색하기를 즐긴다.	사물과 자연을 반복하여 탐색하기를 즐긴다.
	생활 속에서 탐구하기	친숙한 물체를 감각으로 탐색한다.	친숙한 물체의 특성과 변화를 감각으로 탐색한다.
		물체의 수량에 관심을 가진다.	물체의 수량에 관심을 가진다.
		주변 공간과 모양을 탐색한다.	주변 공간과 모양을 탐색한다.
		규칙성을 경험한다.	규칙성에 관심을 가진다.
			주변 사물을 같고 다름에 따라 구분한다.
			생활도구에 관심을 갖는다.
	자연과 더불어 살기	주변의 동식물에 관심을 가진다.	주변의 동식물에 관심을 가진다.
		날씨의 변화를 감각으로 느낀다.	날씨의 변화를 감각으로 느낀다.

자료: 보건복지부 고시 제2020-75호, pp. 9-21. 표 재구성.

개정된 자연탐구 영역은 주변 환경과 자연에 관심을 갖고 탐색하는 과정을 즐기는 것이 목표이며, 더 나아가 자연과 더불어 살아가는 태도를 새로 포함하고 지속 가능한 사회를 위해 생명과 자연을 존중하는 세부 목표를 기술하였다(보건복지부, 2020; 이미화, 2020). 세부 내용 범주는 '탐구과정 즐기기', '생활 속에서 탐구하기', '자연과 더불어 살기'이다. '탐구과정 즐기기'는 주변 세계와 자연에 대한 호기심, 사물과 자연 탐색으로 0-1세와 2세 과정의 차이가 없다.

'생활 속에서 탐구하기'와 관련된 주제어는 친숙한 물체와 감각, 물체에 대한 수량 인식, 주변 공간과 모양 탐색, 규칙성 경험 등으로 0-1세, 2세 교육과정 간 큰 차이는 없다. 다만 2세 과정부터 주변 사물에 대한 같고 다름 구분, 생활도구 관심 등 고차원적인 인식과정이 교육과정에 담겼다. '자연과 더불어 살기'는 주변의 동식물에 관한 관심, 날씨 변화와 감각 느끼기이다.

2. 누리과정(3-5세)

1) 누리과정의 성격

국가 수준의 유아교육과정을 의미하는 누리과정은 전국적인 유아교육의 보편성과 공통성을 지니고 있으며 유아교육, 초등교육, 중등교육, 고등교육 연계의 출발점이라는 의미를 갖는다(김은영 외, 2019). 그러나 상위 교육과정과는 달리 '교육'과 '보육'을 상호 포함관계 혹은 대체하여 사용하고 있다는 점, 그리고 누리과정은 'curriculum', 'guideline', 혹은 'framework' 등으로 외국에서 표현되는 국가 수준의 유아교육과정이란 점에서 성격을 달리하고 있다(김은영 외, 2019). 즉 교육과정이긴 하나 상위 교육과정과는 다른 유아교육의 통일된 '틀'로서 이해해야 하는 것이다. 이는 앞서 0-2세 표준보육과정에서 설명한 내용과 크게 다르지 않다.

하나의 '틀'로서 인식해야 하는 우리나라의 누리과정은 국가 수준의 교육과정으로 정부에서 제시한 해설서를 참고하면 그 성격을 확인할 수 있다. 우리나라의 경우 이와 관련하여 개정 누리과정에서도 '성격' 항목을 신설하여 앞서 언급한 바와 같이 누리과정을 '3-5세 유아를 위한 국가 수준의 공통 교육과정(어린이집과 유치원 모두를 지칭하는 의미)'으로 정의하고 있다. 특히 유아기의 고유한 특징을 반영하여 '유아 중심 및 놀이 중심'을 강조하고 있다. 따라서 유치원과 어린이집에 다니는 3-5세 유아는 국가 수준의 교육과정에서 제시하는 기준에 따라 차별 없이 양질의 교육적 경험을 할 수 있는 근거가 된다(교육부·보건복지부, 2019).

국가 수준에서 정의하고 있는 누리과정의 성격은 다음과 같다.

가. 국가 수준의 공통성과 지역, 기관 및 개인 수준의 다양성을 동시에 추구한다.

나. 유아의 전인적 발달과 행복을 추구한다.

다. 유아 중심과 놀이 중심을 추구한다.

라. 유아의 자율성과 창의성 신장을 추구한다.

마. 유아, 교사, 원장(감), 학부모와 지역사회가 함께 실현해 가는 것을 추구한다.

2) 누리과정의 제정 및 개정 과정

① 5세 누리과정 제정

정부는 2011년 5월 2일 취학 전 교육 및 보육에 대한 국가의 책임을 강화하고자 '만 5세 공통과정' 제도를 도입하였다(교육과학기술부 고시, 2011). '만 5세 공통과정'은 보건복지부 소관의 어린이집과 교육과학기술부 소관의 유치원 관리체제는 그대로 유지하면서 이원화되어 있는 유치원 교육과정과 어린이집 표준보육과정을 통합하였다는 의미를 지닌다. 체제는 이원화되어 있지만 모든 유치원과 어린이집의 만 5세 유아는 같은 교육과정 틀 안에서 교육받게 된 것이다.

당시 5세 누리과정은 신체운동 및 건강, 의사소통, 사회관계, 예술경험, 자연탐구 등 5개 영역, 총 62개 내용과 136개 세부 내용으로 구성되었다(김은영 외, 2019).

② 3-5세 누리과정 제정

'3-5세 연령별 누리과정'은 2012년 3월부터 시행된 5세 누리과정에 이어 만 3-4세까지 누리과정을 2013년부터 조기 도입한다는 계획에 따라 2012년 7월 고시를 통해 제도화되었다. 그 내용은 3-5세 연령별 누리과정을 통해 유치원과 어린이집을 이용하는 만 3-5세 유아를 위한 공동 교육 및 보육과정을 포함하는 것과 더불어 유아 학비, 보육료 등의 지원을 포함한 행·재정적 제도의 의미를 지닌다. 즉 공통된 교육과정의 제공뿐만 아니라 영유아 교육 및 보육의 국가책임과 무상 교육을 위한 보육비 지원 등 모든 영유아의 생애 초기 평등한 교육 보육 기회를 제공하게 된 것이다(김은영 외, 2019).

이렇듯 '3-5세 연령별 누리과정'은 2012년 만 5세에서 2013년 만 3세에서 5세로 연령이 확장되었으며, 현재까지 유치원과 어린이집으로 분리되어 운영된 영유아 교육의 한계를 국가수준의 통합된 유아교육과정으로 이끄는 중요한 기능을 담당했다. 이러한 이유로 인해 '3-5세 연령별 누리과정'은 유아교육과 보육의 중요성과 교육 및 보육에 대한 국가의 의무에 대한 인식을 강화하는 데 기여했다는 평가를 받고 있다(이정욱, 2019). 그러나 교육내용의 과다한 구성 및 지역이나 기관의 특성을 아우르지 못하는 내용, 획일화 등 개정에 대한 필요가 지속적으로 제기되어 왔다(조부경 · 김경은, 2017; 이경화, 2016). '3-5세 연령별 누리과정'의 제정 및 시행 과정에서 현장 목소리를 수렴하는 과정의 결핍이 이러한 문제의 주요 원인 중 하나로 지목되기도 했다(이희경, 2018). 이러한 문제 제기는 2019년 누리과정을 개정하게 되는 이유가 되었다.

③ 누리과정 개정

2019년 7월 확정 발표된 '2019 개정 누리과정'은 2017년 7월 문재인 정부의 국정운영 5개년 계획 중 '학생 중심의 교육과정 개편' 공약 실현을 위한 유아와 초등학생의 적정학습시간 및 휴식시간보장을 위한 법제화가 제안되면서 시작되었다(국정기획자문위원회, 2017). 교육부는 그해 12월 '유아 중심의 교육문화 조성'을 골자로 하는 '유아교육 혁신방안'을 발표했고(교육부 보도자료, 2017), 다음 해인 2018년 6월 국책연구기관인 육아정책연구소에 누리과정 개정을 위한 정책연구를 수탁했다(김은영 외, 2019). 수탁 후 약 1년 만인 지난 2019년 7월 24일 '2019 개정 누리과정'이 고시되었다. 한편 육아정책연구소는 누리과정 개정의 과정과 절차를 담은 '누리과정 개정 정책연구' 보고서를 2019년 2월 발간하여 누리과정 개정의 정당성을 밝혔다. 개정된 누리과정의 구성은 다음 [그림 5]와 같다.

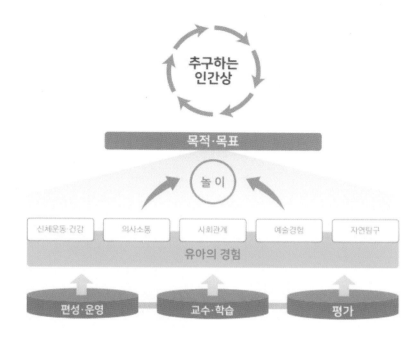

[그림 5] 개정 누리과정의 구성

3) 개정 누리과정의 추구방향

(1) 국가 수준의 교육과정으로서 구성 체계 확립

① 국가 수준의 공통 교육과정으로서 성격 명시

『2019 개정 누리과정』은 '성격'을 신설하여 누리과정이 '국가 수준의 공통 교육과정'임을 명시하였다. 누리과정을 우리나라의 통합된 유아 교육과정으로 명시한 점은 유아, 어린이집 및 유치원 교사와 관련 기관, 관계부처 등 국가 차원에서 중요한 의미를 가진다. 즉 유아 차원에서는 유치원과 어린이집에 다니는 3-5세 모든 유아가 편견이나 차별 없이 양질의 교육적 경험을 공유할 수 있음을 말한다. 물론 공통의 교육과정을 제공하는 것뿐만이 아닌 경험의 격차를 완화하고자 하는 노력도 명시적으로 제시된 의미이기도 하다. 이는 누리과정을 공통의 교육과정으로 명시함으로써 그동안 유치원의 교육과정과 어린이집의 보육과정이라는 차원에서 가져온 현장의 혼란을 최소화하는 목적을 갖는 것이라 할 수 있다.

물론 교사와 기관 차원에서는 누리과정 운영의 자율성을 가지면서 국가 수준의 교육과정을 우선적으로 존중하여 운영해야 하는 책임감도 강화되는 것을 목적으로 한다(교육부 · 보건복지부 · 육아정책연구소, 2020). 그리고 국가 차원에서는 누리과정이 현장에서 지속적으로 운영될 수 있도록 행정적, 재정적 지원을 해야 하는 의무를 지니는 규정이기도 하다.

② 추구하는 인간상 제시

개정된 누리과정은 추구하는 방향으로 '인간상'을 신설 제시하여 교육과정으로서 통합된 구성 체계를 확립하였다. 개정 누리과정이 제시한 인간상은 건강한 사람, 자주적인 사람, 창의적인 사람, 감성이 풍부한 사람, 더불어 사는 사람이다. 추구하는 인간상의 제시는 유아가 누리과정 5개 영역의 내용을 경험하면서 어떠한 모습으로 성장해 가는지에 대한 교육적 비전을 명료히 제시하였다는 점에서 의의가 있다.

한편 2019년 개정된 누리과정에서는 3-5세 연령별 누리과정에서 누락되었던 인간상을 초 · 중등학교 교육과정의 인간상과 연계성을 고려하여 명시하였음을 명확히 하고 있다. 즉 21세기 미래지향적 인간을 길러내기 위한 핵심 역량이란 초·중등학교 교육과정의 인간상을 적극적으로 반영한 결과라 하겠다(교육부·보건복지부·육아정책연구소, 2020).

③ 초등학교 교육과정과의 구성 체계 및 교육내용 연계

개정 누리과정은 추구하는 인간상과 목적과 목표, 구성의 중점 등 총론 전반의 구성을 초등학교 교육과정의 체계와 통일하고 있다. 특히 역량을 중심으로 개정한 『2015 개정 초·중등학교 교육과정』의 취지와 내용을 개정 누리과정 인간상과 교육목표 등에 반영하여 초등학교 교육과정과 연계하고자 한 것이다. 이때 누리과정 5개 영역의 내용은 초등학교 1학년의 교육내용을 상회하지 않도록 유의하였으며, 이로써 누리과정은 유아교육과 초등교육의 연계에 있어서 보다 적정화된 교육내용의 계속성, 계열성, 통합성 및 접합성을 확보하게 되었다는 의미를 담고 있다(교육부·보건복지부, 2019; 김은영 외, 2019).

(2) 유아·놀이 중심 교육과정 재정립

① 교사 중심 교육과정에서 유아·놀이 중심 교육과정으로의 변화

개정 누리과정은 '유아와 놀이'를 최우선으로 존중하는 교육과정임을 강조하고 있다. 이는 교사가 미리 계획한 활동을 중심으로 진행되는 '교사 중심' 교육과정에서 유아 주도적인 놀이가 중심이 되는 '유아·놀이 중심' 교육과정으로 변화하는 것을 의미한다(김은영 외, 2019).

② 충분한 놀이시간 확보 권장

개정 누리과정에서는 바깥 놀이를 포함하여 유아가 자유롭게 놀이할 수 있는 시간을 충분히 편성·운영할 것을 제안하고 있다. 충분한 놀이시간은 유아가 몰입하여 놀이를 즐길 수 있도록 여유 있게 시간을 확보하여 일과를 운영하는 것을 의미하는 것으로 유치원과 어린이집은 유아의 안전을 고려하되 유아의 놀이가 최대한 활성화되도록 실내외 놀이환경을 포함하여 누리과정 운영방식을 개선해 가는 것이 필요하다.

③ 유아 놀이와 배움의 의미에 대한 재이해

유아·놀이 중심 교육과정은 유아의 놀이가 가지는 배움의 의미를 새롭게 이해하는 데서 출발한다. 그동안 유아교육에서는 유아의 놀이를 교육의 기본 정신으로 강조하였으나 한편으로는 유아가 스스로 놀이하며 배우고 있는지에 대한 걱정과 불안이 있었던 것도 사실이다. 또한 교사가 놀이보다는 활동을 통해 지식을 가르치는 것에 집중한다는 반성과 함께 이에 대한 개선을 요구하는 문제 제기도 있었다.

개정 누리과정에서는 이러한 점을 고려하여 교사가 놀이의 의미와 가치를 재이해하는 것이 필요함을 강조하였고 따라서 교사가 가르치지 않아도 유아가 놀이하며 스스로 배울 수 있음을 이해하는 것이 놀이 중심 교육과정을 실천하는 데 중요한 출발점이 되도록 마련되어 있다. 따라서 개정된 누리과정 5개 영역의 내용이 교사가 가르쳐야 할 내용이 아니라 유아가 경험하며 스스로 배우는 내용이라는 것을 구체적으로 설명하여 교사가 유아의 놀이와 배움을 재이해할 수 있도록 안내하고 있다(교육부·보건복지부·육아정책연구소, 2020).

(3) 5개 영역의 내용 간략화

① 유아가 경험해야 할 내용을 연령 구분 없이 제시

개정 누리과정은 5개 영역에 제시된 59개의 내용을 연령별로 구분하지 않고 제시하였다. 이는 유아가 경험해야 할 내용을 연령에 따라 인위적으로 제한하기 어렵고, 연령별 구분이 개별 유아의 배움의 특성을 제한할 수 있다는 우려를 반영한 것으로 유아교육 담당 교사는 59개 내용을 유아가 자신에게 가장 적합한 방식으로 놀이하며 배우는 경험으로 이해하게 함으로써 유아 중심 교육과정을 실천할 수 있도록 하였다.

② 간략화된 내용으로 교사의 누리과정 실천 지원

개정 누리과정에서는 교육내용을 간략화하였는데 이는 교사가 누리과정의 5개 영역을 지식의 전달이 아닌 유아의 놀이를 중심으로 실천할 수 있도록 돕는다는 취지를 갖고 있다. 유아교육 교사는 과다한 내용을 모두 가르쳐야 한다는 생각에서 벗어나서 간략화된 내용을 중심으로 유아의 놀이를 통한 배움과 연결하여 이해하게 함으로써 유아 · 놀이 중심 교육과정을 쉽게 실천할 수 있도록 했다.

(4) 교사의 자율성 강조

① 교육과정 대강화 경향을 반영하여 교사의 자율성 강조

개정된 누리과정의 특징으로 국가 수준의 교육과정 기준을 상세하게 제시하는 대신 최소한의 기준을 제시하고 있다는 점으로 이는 교사의 자율성과 다양성을 최대한 존중하기 위한 것이라 하겠다(교육부 · 보건복지부 · 육아정책연구소, 2020; 교육부 · 보건복지부, 2019; 김재춘 · 배지현, 2016). 이처럼 개정 누리과정에서 교사의 자율성을 강조하는 이유는 학습자 중심의 배움을 실현하는 데 교사의 교육적 판단이 중요한 역할을 하기 때문이다. 유아의 놀이는 예측하기 어렵고, 상황에 따라 다양하게 일어나므로, 교사가 유아의 놀이를 통한 배움을 최대한 지원하기 위해서는 자율성을 기반으로 상황에 적합한 판단을 해야 한다. 개정 누리과정에서는 그동안 놀이 중심 교육과정의 실행을 어렵게 했던 고시문의 세부 지침 등을 간략화함으로써 교사가 좀 더 자율성을 가지고 유아 · 놀이 중심 교육과정을 실천할 수 있도록 돕고자 한다는 것을 잊지 말아야 한다(교육부 · 보건복지부 · 육아정책연구소, 2020; 교육부 · 보건복지부, 2019; 김재춘 · 배지현, 2016).

② 계획안 형식과 방법의 자율화

개정 누리과정에서 유아 · 놀이 중심 교육과정의 실천을 위하여 계획안을 각 기관의 실정에 따라 자율적으로 작성할 수 있도록 하였다. 교사는 그동안 당위적이고 형식적으로 작성했던 연간, 월간, 주간, 일일 계획안의 형식과 내용을 개선하여 다양한 방식으로 계획안을 작성할 수 있다(교육부 · 보건복지부 · 육아정책연구소, 2020; 교육부 · 보건복지부, 2019; 김재춘 · 배지현, 2016). 개정 누리과정에서는 유아가 주도하는 놀이를 적극적으로 지원하기 위하여 교사가 계획안을 사전에 작성하는 방식을 최소화하는 것이 중요함을 강조한 것으로 교사는 사전 계획을 최소화함으로써 유아가 실제 놀이하는 내용과 교사의 지원 계획을 자율적으로 기록하는 방식으로 계획안을 개선해 갈 수 있게 되었다.

한편 개정된 누리과정 내용 구성을 현장교사가 교사용 지도서로써 활용이 아닌 포괄적 내용의 고시문을 통해 보다 더 수월하게 교육과정을 실행할 수 있도록 누리과정 실행력 고취에 중점을 두었음을 명시하고 있다(교육부 · 보건복지부 · 육아정책연구소, 2020).

③ 흥미 영역의 운영방식 자율화

개정 누리과정은 유아가 주도하는 놀이가 활성화될 수 있도록 흥미 영역의 운영방식을 자율화하였다. 기존에 유아의 놀이를 제한했던 고정된 흥미 영역의 개수, 유형, 운영방식 등을 자율적으로 개선하여 유아의 자유로운 놀이가 가능하도록 제안한 것이다(교육부 · 보건복지부 · 육아정책연구소, 2020). 이를 통해 유아의 놀이가 미리 계획한 생활주제에 맞지 않더라도 교사가 유아의 관심과 생각을 먼저 존중하고 지원할 수 있도록 한 것이다.

④ 5개 영역 통합 방식의 다양화

개정 누리과정에서는 생활주제 외에도 교사가 자율성을 가지고 다양한 통합 방식을 운영할 수 있도록 하였다(교육부 · 보건복지부 · 육아정책연구소, 2020). 유아는 놀이하면서 자연스럽게 '5개 영역'을 통합하여 경험할 수 있으나 미리 정해진 생활 주제가 아니더라도, 유아의 놀이에서 나타나는 주제, 그림책, 사물 등을 활용하여 유아의 관심과 흥미를 중심으로 누리과정을 통합적으로 실천할 수 있도록 만들어져 있다.

⑤ 평가의 자율화

개정 누리과정에서는 기관과 학급(반) 수준에서 평가의 자율적 시행을 강조하고 있다. 즉 교사가 놀이하며 배우는 유아의 실제 경험을 평가와 연계하여 이해하도록 평가의 자율성을 보장하였다.

4) 누리과정의 내용과 이해

누리과정은 성격, 총론과 영역별 목표 및 내용으로 구성되어 있다. 우선 성격은 개정 누리과정이 국가 수준의 공통 교육과정임을 명시한 것임을 앞서 기술하였다. 총론은 누리과정의 구성 방향과 누리과정의 운영으로 구성되어 있으며, 누리과정의 구성 방향에서는 추구하는 인간상, 목적과 목표, 구성의 중점 등을 제시하고 있다. 누리과정 운영에 관한 내용은 편성ㆍ운영, 교수ㆍ학습, 그리고 평가로 나누어 기술하고 있다(이미화, 2020). 영역별 목표 및 내용에서는 0-2세 표준보육과정과는 달리 '기본생활'이 제외된 '신체운동ㆍ건강', '의사소통,' '사회관계', '예술경험', '자연탐구' 등 5개 영역의 목표와 59개의 내용을 기술하고 있다(교육부ㆍ보건복지부ㆍ육아정책연구소, 2020).

① 신체운동·건강

'신체운동ㆍ건강'과 관련한 누리과정의 내용은 다음 〈표 9〉와 같다. 개정된 누리과정의 신체운동ㆍ건강 영역의 목표는 실내외에서 신체활동을 즐기고 건강하고 안전한 생활을 하기 위한 교육이라 할 수 있다. 이를 위한 교육과정 내용은 신체활동에 즐겁게 참여, 건강한 생활 습관, 안전한 생활 습관을 갖추도록 기회를 제공하는 것이다(보건복지부, 2020).

관련한 세부 범주는 '감각과 신체 인식하기', '신체활동 즐기기', '건강하게 생활하기', '안전하게 생활하기'로 나뉜다. 표준보육과정과 다른 점은 '감각과 신체 익히기'가 아닌 성장에 따른 '안전하게 생활하기'가 포함되어 있다는 점이다.

〈표 9〉 누리과정 주요 내용(1): 신체운동 건강

내용 범주		누리과정 내용
신체운동 건강	신체활동 즐기기	신체를 인식하고 움직인다.
		신체 움직임을 조절한다.
		기초적인 이동운동, 제자리 운동, 도구를 이용한 운동을 한다.
		실내외 신체활동에 자발적으로 참여한다.
	건강하게 생활하기	자기 몸과 주변을 깨끗이 한다.
		몸에 좋은 음식에 관심을 가지고 바른 태도로 즐겁게 먹는다.
		하루 일과에서 적당한 휴식을 취한다.
		질병을 예방하는 방법을 알고 실천한다.
	안전하게 생활하기	일상에서 안전하게 놀이하고 생활한다.
		TV, 컴퓨터, 스마트폰 등을 바르게 사용한다.
		교통안전 규칙을 지킨다.
		안전사고, 화재, 재난, 학대, 유괴 등에 대처하는 방법을 경험한다.

자료: 최은영 외 5명, 『영유아기 지속가능발전교육 실천 방안 연구』, 2020, p. 209. 표 재구성.

② 의사소통

'의사소통'과 관련된 누리과정의 세부 내용 범주는 다음 〈표 10〉과 같이 '듣기와 말하기', '읽기와 쓰기에 관심 가지기', '책과 이야기 즐기기' 등이다.

이는 표준보육과정과 유사한 교육과정이다. 다만 그 목표는 일상생활에 필요한 의사소통 능력과 상상력을 기르는 것으로 0-2세 표준보육과정의 목표인 단순히 감각을 활용하고 신체활동을 즐기는 것에 비해 보다 사회 일원으로서 생활에 필요한 의사소통 능력을 함유토록 목표를 설정하고 있어 차이를 두고 있다(보건복지부, 2020).

〈표 10〉 누리과정 주요 내용(2) : 의사소통

내용 범주		누리과정 내용
의사소통	듣기와 말하기	말이나 이야기를 관심 있게 듣는다.
		자기 경험, 느낌, 생각을 말한다.
		상황에 적절한 단어를 사용하여 말한다.
		상대방이 하는 이야기를 듣고 관련해서 말한다.
		바른 태도로 듣고 말한다.
		고운 말을 사용한다.
	읽기와 쓰기에 관심 가지기	말과 글의 관계에 관심을 가진다.
		주변의 상징, 글자 등의 읽기에 관심을 가진다.
		제 생각을 글자와 비슷한 형태로 표현한다.
	책과 이야기 즐기기	책에 관심을 가지고 상상하기를 즐긴다.
		동화, 동시에서 말의 재미를 느낀다.
		말놀이와 이야기 짓기를 즐긴다.

자료: 최은영 외 5명, 『영유아기 지속가능발전교육 실천 방안 연구』, 2020, p. 209. 표 재구성.

이러한 특징으로 '의사소통'이란 점에서 내용을 살펴보면 성장에 따른 교육과정 내용이 포함되어 있다는 것을 확인할 수 있다. 고운 말을 사용한다, 말과 글의 관계에 관심을 가진다, 말놀이와 이야기 짓기를 즐긴다 등이 이에 해당하는 교육과정 내용이다.

③ 사회관계

'사회관계'와 관련된 세부 내용 범주와 내용은 다음 〈표 11〉과 같다. 그리고 개정된 사회관계 영역의 목표는 자신을 존중하고 더불어 생활하는 태도를 보이는 것이다(보건복지부, 2020).

이러한 목표를 달성하기 위한 세부 목표는 자신을 이해하고 존중하는 법, 다른 사람과 사이좋게 지내는 법, 우리가 사는 사회와 다양한 문화에 관심을 두는 법 등이다. 이러한 세부 목표를 중심으로 구성된 세부 내용 범주는 '나를 알고 존중하기', '더불어 생활하기', '사회에 관심 가지기' 등으로 구성되어 있다. 특히 '사회에 관심 가지기'는 표준보육과정과는 비교되는 범주라 하겠다.

〈표 11〉 누리과정 주요 내용(3) : 사회관계

내용 범주		누리과정 내용
사회관계	나를 알고 존중하기	나를 알고 소중히 여긴다.
		나의 감정을 알고 상황에 맞게 표현한다.
		내가 할 수 있는 것을 스스로 한다.
	더불어 생활하기	가족의 의미를 알고 화목하게 지낸다.
		친구와 서로 도우며 사이좋게 지낸다.
		친구와의 갈등을 긍정적인 방법으로 해결한다.
		서로 다른 감정, 생각, 행동을 존중한다.
		친구와 어른께 예의 바르게 행동한다.
		약속과 규칙의 필요성을 알고 지킨다.
	사회에 관심 가지기	내가 사는 곳에 대해 궁금한 것을 알아본다.
		우리나라에 대해 자부심을 품는다.
		다양한 문화에 관심을 가진다.

자료: 최은영 외 5명, 『영유아기 지속가능발전교육 실천 방안 연구』, 2020, p. 210. 표 재구성.

④ 예술경험

'예술경험'과 관련된 표준보육과정의 세부 내용 범주와 내용은 다음 〈표 12〉와 같다. 이와 관련한 예술경험 영역의 목표는 아름다움과 예술에 관심을 가지고 창의적 표현을 즐기는 것이다(보건복지부, 2020). 이는 0-2세 표준보육과정 목표인 아름다움을 느끼고 경험하며, 즐기는 것과는 사뭇 다른 점을 보인다. 즉 단순히 즐기는 0-2세 표준보육과정 목표와는 달리 아름다움과 예술에 관심을 가지고 창의적 표현을 즐긴다는 적극적인 예술 참여 의지가 나타나기 때문이다.

〈표 12〉 누리과정 주요 내용(4) : 예술경험

내용 범주		누리과정 내용
예술경험	아름다움 찾아보기	자연과 생활에서 아름다움을 느끼고 즐긴다.
		예술적 요소에 관심을 두고 찾아본다.
	창의적으로 표현하기	노래를 즐겨 부른다.
		신체, 사물, 악기로 간단한 소리와 리듬을 만들어 본다.
		신체나 도구를 활용하여 움직임과 춤으로 자유롭게 표현한다.
		다양한 미술 재료와 도구로 자기 생각과 느낌을 표현한다.
		극놀이로 경험이나 이야기를 표현한다.
	예술 감상하기	다양한 예술을 감상하며 상상하기를 즐긴다.
		서로 다른 예술 표현을 존중한다.
		우리나라 전통 예술에 관심을 두고 친숙해진다.

자료: 최은영 외 5명, 『영유아기 지속가능발전교육 실천 방안 연구』, 2020, p. 210. 표 재구성.

이러한 특징은 세부 내용 범주에서도 차이를 보인다. 3-5세 누리과정의 예술경험과 관련한 세부 내용 범주는 '아름다움 찾아보기', '창의적으로 표현하기', '예술 감상하기'이다. 0-2세 표준보육과정과는 달리 '예술 감상하기' 범주가 추가된 점을 알 수 있다. 또한 '창의적으로 표현하기' 범주의 경우도 그 내용은 0-2세 표준보육과정보다 많은 5가지로 제시되고 있다.

⑤ 자연탐구

'자연탐구'와 관련된 표준보육과정의 세부 내용 범주와 내용은 다음 〈표 13〉과 같다. 개정된 자연탐구 영역의 목표는 탐구하는 과정을 즐기고, 자연과 더불어 살아가는 태도를 보이는 것이다(보건복지부, 2020). 세부 목표는 일상에서 호기심을 가지고 탐구하는 과정을 즐기고, 생활 속의 문제를 수학적, 과학적으로 탐구하는 법, 생명과 자연을 존중하는 사고를 갖는 것 등이다. 관련한 세부 내용 범주는 '탐구과정 즐기기', '생활 속에서 탐구하기', '자연과 더불어 살기'로 0-2세 표준보육과정과 큰 차이가 없다.

〈표 13〉 누리과정 주요 내용(5) : 자연탐구

내용 범주		누리과정 내용
자연탐구	탐구과정 즐기기	주변 세계와 자연에 대해 지속적으로 호기심을 가진다.
		궁금한 것을 탐구하는 과정에 즐겁게 참여한다.
		탐구과정에서 서로 다른 생각에 관심을 가진다.
	생활 속에서 탐구하기	물체의 특성과 변화를 여러 가지 방법으로 탐색한다.
		물체를 세어 수량을 알아본다.
		물체의 위치와 방향, 모양을 알고 구별한다.
		일상에서 길이, 무게 등의 속성을 비교한다.

내용 범주		누리과정 내용
자연탐구	생활 속에서 탐구하기	주변에서 반복되는 규칙을 찾는다.
		일상에서 모은 자료를 기준에 따라 분류한다.
		도구와 기계에 관해 관심을 가진다.
	자연과 더불어 살기	주변의 동식물에 관심을 가진다.
		생명과 자연환경을 소중히 여긴다.
		날씨와 계절의 변화를 생활과 관련짓는다.

자료: 최은영 외 5명, 『영유아기 지속가능발전교육 실천 방안 연구』, 2020, p. 211. 표 재구성.

3. 유아교육과 지속가능발전

최은영 외 5명(2020)은 '영유아기 지속가능발전교육 실천 방안 연구'를 통해 0-1세 및 2세 표준보육과정, 2019 개정 3-5세 누리과정 모두에서 지속가능발전교육의 사회문화적 관점과 환경적 관점이 포함되지만, 경제적 관점은 포함되지 않은 것으로 나타나고 있음을 주장하였다(최은영 외, 2020). 이에 대해 구체적으로 살펴보면 다음과 같다.

1) 0-2세 표준보육과정

최은영 외 5명(2020)의 연구 결과를 살펴보면 우선 0-1세 표준보육과정에서 지속가능발전교육의 사회문화적 관점과 환경적 관점을 찾을 수 있었으나, 경제적 관점은 포함되지 않은 것으로 분석하였다(최은영 외, 2020). 이를 0-1세 표준보육과정 영역을 기준으로 설명하자면 '기본생활', '신체운동', '의사소통' 영역에는 지속가능발전교육의 관점 및 내용이 유사하게 반영되어 있다는 점을 찾아낸 것이다. 다만 같은 표준보육과정 영역 중 일부인 '사회관계' 영역과 '예술경험' 영역에는 지속가능발전교육의 내용을 찾을 수 없어 관련 관점 및 내용이 포함되어 있지 않은 것으로 결론 내렸다(김은정, 2020).

구체적으로 설명하자면 지속가능발전교육 사회문화적 관점은 '기본생활' 영역에 안전, 건강과 식품이 포함되었고, '신체운동' 영역에 건강과 식품이 포함되어 있었으며,' 의사소통' 영역에는 매체 소양이 포함되어 있다. '환경적 관점'은 '기본생활' 영역에 교통이 포함되었고, '자연탐구' 영역에 자연자원, 기후변화, 생물 다양성을 포함하고 있는 것으로 판단하고 있었다(최은영 외, 2020).

2세 표준보육과정 역시 0-1세 표준보육과정과 마찬가지로 지속가능발전 교육의 사회문화적 관점과 환경적 관점은 포함하고 있었고, 경제적 관점은 포함하지 않은 것으로 분석하였다(김은정, 2020). 다만 0-1세 표준보육과정과는 달리 2세 표준보육과정 영역으로 판단할 때 '기본생활', '신체운동', '의사소통', '사회관계' 영역에 지속가능발전교육의 관점과 내용이 포함된 것으로 나타나나, 예술경험 영역에는 지속가능발전교육의 내용이 포함되어 있지 않은 것으로 판단하고 있다. 즉 사회관계 영역에서 차이를 보이는 것으로 결론 내렸다.

이를 지속가능발전교육을 중심으로 구체적으로 설명하자면 사회문화적 관점은 '기본생활' 영역에 안전, 건강과 식품이 포함되었고, '신체운동' 영역에 건강과 식품이 포함되어 있으며, '의사소통' 영역에 매체 소양이 포함되었고, '사회관계' 영역에 평화가 포함된 것으로 분석한 것이다. 마지막으로 환경적 영역의 내용은 '기본생활' 영역에 교통이 포함된 것으로 그리고 '자연탐구' 영

역에 자연자원, 에너지, 기후변화, 생물 다양성 등이 포함된 것으로 조사한 것
이다(최은영 외, 2020).

2) 3–5세 누리과정

최은영 외 5명(2020)은 2019년 개정된 3-5세 누리과정에도 0-2세 표준
보육과정과 유사하게 지속가능발전교육의 사회문화적 관점과 환경적 관점이
포함되어 있고, 경제적 관점은 포함되지 않은 것으로 연구 결과를 발표하였
다. 이를 3-5세 누리과정 영역으로 설명하면 다음과 같다. 즉 누리과정 영역
인 '기본생활', '신체운동', '의사소통', '사회관계', '자연탐구' 영역 모두에 지
속가능발전교육의 내용이 포함되어 있으나 '예술 경험' 영역에는 지속가능발
전교육 내용이 일부 이외에는 포함되어 있지 않은 것으로 분석한 것이다(최
은영 외, 2020).

구체적으로 지속가능발전교육의 사회문화적 관점은 '신체운동' 영역에서 인
권, 안전, 건강과 식품, 매체 소양이 포함되었고, '의사소통' 영역에서는 문화 다
양성, 시민참여 등이 포함되어 있으며, '사회관계' 영역에 인권, 평화, 문화 다양
성이 포함되어 있고, '예술경험' 영역에 문화적 다양성이 포함되어 있었다. 환경
적 관점은 신체운동ㆍ건강 영역에 재해예방 및 감소, 교통이 포함되어 있고, 사
회관계 영역에 지속가능한 지역사회가 포함되었으며, 자연탐구 영역에 자연자
원, 에너지, 기후변화, 생물 다양성, 환경문제가 포함되어 있었다.

한편 결과와 더불어 이전 개정되기 이전의 누리과정에서 나타난 지속가능
발전교육 관점 및 내용을 조사한 타 연구 결과와의 차이점을 제시하기도 하였

다. 이전의 누리과정 2012년 고시된 누리과정 및 표준보육과정에 반영된 지속가능발전교육의 내용을 분석한 선행연구에 의하면 국가 수준의 영유아 교육·보육과정에 지속가능발전교육의 사회문화적, 환경적, 경제적 관점의 내용이 제대로 반영되어 있지 않았다(유영의 외, 2013). 이런 점에서 지속가능발전교육의 목표 달성을 위한 방향성 측면에서 누리과정은 옳은 방향으로 개정되었다 할 수 있다. 다만 추후 개정 시 개선의 여지가 있음은 분명하다.

제3장

조사방법

제1절

연구 분석틀

본 논문은 지속가능발전교육이라는 ESD, SDGs의 중요성에 대한 인식과 실천의 필요성과는 달리 그동안 부족했던 국내 이행 대상에서 영유아기가 배제되어 온 경향에 초점을 맞추고 있다. 그동안 많은 연구에서 ESD, SDGs의 근본적 이념이 영유아 교육과정에 반영되어야 한다는 연구는 많이 이루어졌으나 그 실천 방법에 대해서는 논의되고 있지 않았기 때문이다. 더욱이 2019년 영유아 교육과정에 많은 변화가 이루어졌지만, 지속가능발전교육에 관한 내용을 공식적으로 담고 있지 않다. 이에 본 논문은 지속가능발전을 위한 교육을 위해 학생 위주의 교육 방법에 대한 접근이 아닌 교육자로서의 비판적 페다고지 철학 아래 교육자의 경험에 중점을 두고 접근하고자 한다. 즉 교육자가 ESD, SDGs의 내용을 교육받고 이해하고 있을 때 지니고 있는 교육자로서의 경험이 어떻게 0-2세 표준보육과정과 누리과정에 변화를 일으키고 스스로 지속가능발전 개념을 적용할 수 있는지에 대한 근본적 의문에 대한 답이라 할 수 있다. 이를 위해 영유아 교육의 중추적 역할을 담당하고 있는 서울시 내 어린이집과 유치원 원장을 대상으로 그 해답을 찾고자 하였다. 연구 과정과 그 분석은 아래 [그림 6]과 같이 구성하여 진행하였다.

이를 설명하자면 다음과 같다. 즉 [그림 6]에서와 같이 본 논문은 크게 두 단계로 이루어진다. 첫 번째 단계는 실험단계로 연구의 특성상 광고효과 분석과 같이 사전 조사를 할 수 없는 경우에 많이 설계되는 단일집단후비교조사방법을 사용하였다.

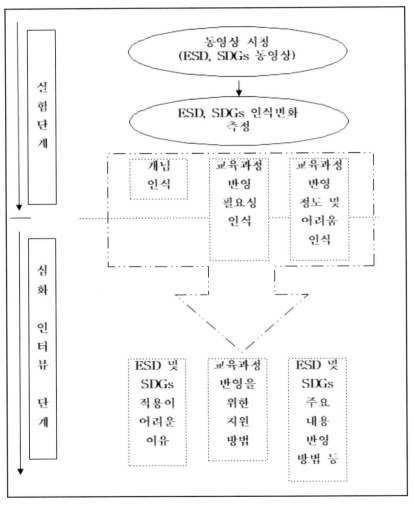

[그림 6] 연구 분석틀

이러한 설계의 특징은 전실험 설계로 불리며 연구 특성상 무작위 배정 및 통제집단 및 실험집단이 구성되지 못하는 한계를 지니고 있다(유영준, 2014). 따라서 단일집단후비교조사의 경우 연구자의 주관적 판단 및 해석에 의지해야 하는 단점을 가지고 있으나 이러한 오류를 최대한 배제하기 위한 보완이 필요했다. 이를 위해 본 논문은 연구 대상자, 즉 어린이집과 유치원 원장들에게 ESD 및 SDGs의 개념 인식 여부, 영유아 보육과정과 누리과정에 반영해야만 하는 필요성에 대한 인식 변화, 영유아 보육 과정 및 누리과정에 위 두 개념이 반영되어 있는지 만약 반영되어 있지 않다면 어떠한 어려움이 있는지 등에 한하여 조사함으로써 최대한 조사결과의 신뢰성과 타당성을 충족하기 위해 노력했다.

그리고 다음 단계로 첫 번째 단계를 통해 조사된 결과를 중심으로 심층 인터뷰를 진행하였다. 이러한 단계를 설계한 목적은 ESD, SDGs 관련 동영상을 시청하게 함으로써 연구 대상자의 변화된 인식을 기반으로 현재 교육과정에 지속가능발전에 대한 교육내용이 반영되어 있는지 안 되어 있다면 그 적용이 왜 어려운지 등 연구문제에 대한 해답을 듣고자 하였다. 즉 이러한 심층 인터뷰 방식을 통해 현실에 접근하고 경험적 정확성을 추구하기 위함이었다. 또한 지속가능발전 교육을 위한 지원 방법, 현 0-2세 표준보육과정과 누리과정에 반영하고자 하는 의지 및 방법 등에 대해 연구 대상자의 의견을 듣고자 하였다. 따라서 최대한 연구목적에 맞는 자료를 수집하기 위해 구조화된 인터뷰(structured interview)를 실시하였다. 다만 관련된 풍부한 인식자료를 얻기 위해 상황에 따라 질문을 수정하거나 변경하였다. 주된 인터뷰 내용은 ESD 및 SDGs 내용이 표준보육과정 및 누리과정에 적용 반영하기 어려운 이유, 그리고 이를 극복하기 위한 국가 및 기관의 지원방식, ESD 및 SDGs 내용이 표준 보육과정 및 누리과정에 담길 방법 등에 대해서 형식에 구애받지 않고 의견을 구하였다. 한편 심층 인터뷰는 서울시 어린이집과 유치원 원장을 대상으로 2022년 7월 15일부터 20일 동안 진행하였다.

제2절
실험 및 심층 인터뷰 설계

1. 실험설계

1) 동영상 소재 및 주요 내용

　연구 대상자에게 자극을 주기 위한 독립변수, 즉 SDGs(지속가능발전목표)*와 ESD(지속가능발전교육)**를 설명하는 동영상은 유튜브에 공개된 동영상을 사용하였다. 우선 SDGs에 대한 동영상은 17가지 지속가능발전목표 등에 대한 설명을 담고 있다. 또한 지속가능발전목표를 갖게 된 현실적 이유와 필요성에 대해서 같이 설명하고 있는 10분가량의 동영상이다.

---

* 　https://youtu.be/ZG9UW2oPcBA (SDGs 17가지 알아보기).

** 　https://youtu.be/B7P3ojRQI8Y(지속가능발전교육).

[그림 7] SDGs 교육 동영상 주요 화면 1

SDGs 교육 동영상의 구성은 [그림 7]의 지속가능발전목표(Sustainable Development Goals)의 개념, 지속가능발전목표가 갖는 의미, 즉 지속가능한 지구의 발전을 위한 국제적인 약속, 사회와 경제발전과 더불어 환경보호도 함께 이루는 미래지향적인 발전임을 설명하고 있다. 그리고 이러한 목적을 2030년까지 달성하기 위해 2015년 9월 UN 국가들이 모여 합의한 17가지 목표와 169개의 세부 목표로 구성되어 있음을 안내해 준다. 주요 내용은 17개 목표를 중심으로 목표를 이루어야 하는 이유에 대해서 하나하나 설명하고 있다. 하루에 2,500원만으로 살아가는 빈곤 인구, 굶고 있는 약 1억 5,500만 명의 5세 미만 어린이, 교육을 못 받는 어린이, 불평등에서 벗어나지 못하는 여성 등 그 불편한 진실을 하나하나 설명하고 이를 해결하기 위한 목표를 제시하는 동영상이다.

하루에 2500원만으로 사는 사람들의 80%가
남아시아와 사하라 이남 아프리카에 거주합니다.

[그림 8] SDGs 교육 동영상 주요 화면 2

ESD(지속가능발전교육) 관련 자료는 SDGs 자료와 같이 유튜브를 통해
유네스코한국위원회에 제공하고 있는 3분가량의 동영상 자료이다. 그 내용은
[그림 9]와 같이 지속가능발전 개념을 규정하게 되는 과정과 SDGs와의 관계,
즉 지속가능발전목표 17가지를 달성하기 위한 교육의 필요성과 교육내용을

지속가능발전교육
Education for Sustainable Development

[그림 9] ESD 교육 동영상 주요 화면 1

담고 있으며, [그림 11]에서 나타내고 있는 경제발전, 사회정의, 환경보전과 같은 세 가지 분야의 조화로운 발전에 대한 의미를 강조하고 있다. 그리고 마지막으로 [그림 11]과 같이 세 가지 핵심 개념에 관해 설명하고 있다.

ESD 동영상은 지속가능발전에 대한 인식은 1960년대부터 시작되었음을 주지시키면서 시작한다. 자원의 고갈과 관련한 환경오염에 관한 역대의 소설들, R. Carson 여사의『침묵의 봄(Silent Spring, 1962)』과 로마 클럽의『성장의 한계(The Limits to Growth, 1972)』등의 내용과 부룬트란트 보고서(Our Common Future, 1987) 내용에 대해서 간략하게 설명하고 있다.

[그림 10] ESD 교육 동영상 주요 화면 2

또한 인간, 지구, 번영, 평화, 파트너십이라는 5개 영역에서 인류가 나아가야 할 방향성을 17개 목표와 169개 세부 목표를 제시하고 있는 SDGs와 교육 목표인 ESD와의 관계에 대해서도 다시 한번 강조하고 있다. 그리고 [그림 11]과 같이 ESD의 내용이 누구도 소외되지 않는 발전(Leaving No One

Behind)이란 슬로건 아래 경제발전, 사회정의, 환경보전이 조화롭게 균형을 이루는 발전을 추구하고 있음을 설명하고 있다. 결국 SDGs 달성은 교육 목표인 ESD에 달려 있음을 설명하고 있다.

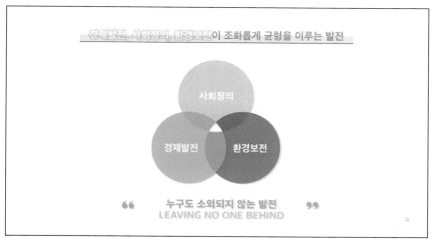

[그림 11] ESD 교육 동영상 주요 화면 3

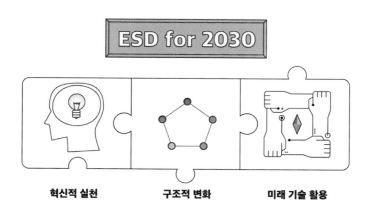

[그림 12] ESD 교육 동영상 주요 화면 4

이 동영상의 내용은 마지막으로 2030년까지의 교육 목표인 ESD for 2030을 설명한다. 위의 [그림 12]에서 보듯이 개인의 변화를 통한 혁신적 실천, 지속가능한 발전을 위한 구조적 변화, 미래 기술 활용에 대한 비판적 사고 등 핵심 개념을 설명하는 동영상이다.

한편 앞에 설명한 SDGs 및 ESD 설명 자료는 시청각 자료인 동영상이라 자세한 설명이 부족한 한계가 있는 이유로 SDGs 17개 목표 및 세부 목표, ESD와 관련한 경제발전 4가지, 사회정의 10가지, 환경보전 9가지 등 23개 구성요소 등 그 구체적인 내용에 대해서는 본 논문 이론적 배경 자료를 중심으로 작성한 참고자료로 제시하였다.

2) 인식변화 측정

앞서 설명한 동영상과 참고자료를 제시한 후 응답자들에게 어떠한 인식변화가 일어났는지 다음과 같은 설문을 통하여 조사하였다. 조사하고자 한 내용은 '지속가능발전 개념이해 및 인식 정도', '교육과정 반영 필요성', '교육과정 반영 정도', 'SDGs 및 ESD 적용이 어려운 이유', '교육과정 반영을 위한 지원 방식' 등이다. 이에 대한 조사이유와 방법에 대한 설명은 다음과 같다.

① 지속가능발전 개념이해 및 인식 정도

아래 〈표 14〉와 같이 지속가능발전(SD: Sustainable Development), 지속가능발전목표(SDGs: Sustainable Development Goals), 지속가능발전교육(ESD: Education for Sustainable Development)에 대한 용어를 들어본 적이

있는지 질문하였다.

Q. 귀하는 오늘 지속가능발전 관련 동영상 및 자료를 접하기 전에 다음의 용어에 대해 들어본 적이 있습니까?

이러한 질문은 응답자가 ESD 및 SDGs 관련 동영상 및 자료를 접하고 난 후 접하기 전과 후의 인식변화 개념에 대한 이해 정도를 비교 분석하기 위한 목적의 질문이라 하겠다.

〈표 14〉인식변화 측정 문항

구분	예	아니요
1) 지속가능발전 (Sustainable Development, SD)	☐ ①	☐ ②
2) 지속가능발전목표 (Sustainable Development Goals, SDGs)	☐ ①	☐ ②
3) 지속가능발전교육 (Education for Sustainable Development, ESD)	☐ ①	☐ ②

② 교육과정 반영 필요성

교육과정 반영이 필요한 이유에 대해서는 아래 〈표 15〉와 같이 크게 0-2세 표준보육과정과 누리과정으로 나누어 질문하였다. 영유아 보육과정에 중추적 역할을 하는 원장들을 대상으로 지속가능발전 개념이 표준보육과정과 누리과정으로 구분하여 각각 반영되어야 하는지 조사하기 위함이다.

<표 15> 교육과정 필요성 측정 질문

Q. 귀하는 지속가능발전목표, 교육내용이 0-2세 표준보육과정 반영이 필요하다고 생각하십니까?

□① 매우 아니다 □② 아니다 □③ 보통이다 □④ 필요하다 □⑤ 매우 필요하다

Q. 귀하는 지속가능발전목표, 교육내용이 누리과정에 반영되는 것이 필요하다고 생각하십니까?

□① 매우 아니다 □② 아니다 □③ 보통이다 □④ 필요하다 □⑤ 매우 필요하다

③ 교육과정 반영 정도

교육과정에 지속가능발전목표가 담겨 있는지 조사하기 위해 아래 〈표 16〉과 같이 SDGs의 17가지 목표를 중심으로 질문하였다. 이를 측정하기 위한 질문은 다음과 같이 0-2세 표준보육과정과 누리과정으로 나누어 각각 질문하였다.

Q. 귀하는 0-2세 표준보육과정이 다음 목표를 지니고 있다고 생각하십니까?
Q. 귀하는 누리과정이 다음의 목표를 지니고 있다고 생각하십니까?

〈표 16〉 SDGs의 교육과정 반영 정도 측정 문항

내용	있다	없다	모름
① 빈곤감소 및 사회안전망 강화	□①	□②	□③
② 기아 종식	□①	□②	□③
③ 건강과 참살이	□①	□②	□③
④ 양질의 교육	□①	□②	□③

내용	있다	없다	모름
⑤ 성평등	□ ①	□ ②	□ ③
⑥ 깨끗한 물관리	□ ①	□ ②	□ ③
⑦ 모두를 위한 친환경 에너지	□ ①	□ ②	□ ③
⑧ 좋은 일자리와 경제성장	□ ①	□ ②	□ ③
⑨ 사회시설 기반 및 연구·개발	□ ①	□ ②	□ ③
⑩ 불평등 해소	□ ①	□ ②	□ ③
⑪ 지속가능한 도시와 주거지	□ ①	□ ②	□ ③
⑫ 지속가능한 소비/생산	□ ①	□ ②	□ ③
⑬ 기후변화 대응	□ ①	□ ②	□ ③
⑭ 해양생태계 보전	□ ①	□ ②	□ ③
⑮ 육상생태계 보전	□ ①	□ ②	□ ③
⑯ 인권, 정의, 평화	□ ①	□ ②	□ ③
⑰ 지구촌 협력 강화	□ ①	□ ②	□ ③

그리고 〈부록 1〉과 같이 지속가능발전목표를 달성하기 위한 교육요소를 정리한 ESD 23개 요소를 중심으로 질문하였다. 이 역시 앞의 SDGs 문항과 같이 아래 내용처럼 0-2세 표준보육과정과 누리과정에 담겨 있는지 나누어 질문하였다.

Q. 귀하는 다음 내용이 0-2세 표준보육과정에 반영되어 있다고 생각하십니까?
Q. 귀하는 다음 내용이 누리과정에 반영되어 있다고 생각하십니까?

3) 영유아 보육과정 반영의 한계 및 지원방식

① SDGs 및 ESD 적용이 어려운 이유

아래 〈표 17〉, 〈표 18〉과 같이 영유아 교육과정에 ESD 및 SDGs 내용이 반영되기 어려운 점을 조사하고자 하였다. 어려운 점이 있는지 5점 척도로 질문하였고 어려운 이유에 대해서는 다음과 같이 보기를 제시하여 질문하였다. 보기는 정보 지식이 부족해서, 개정된 교육 보육 과정에 반영되어 있지 않아서, 연수 경험이 부족해서, 활용자료가 부족해서, 시간이 부족해서, 관심이 없어서, 기타 등으로 나누어 제시하였다. 이러한 질문 구성은 최은영 외 5명 (2020) 연구에서 사용한 척도를 참고하여 구성하였다.

〈표 17〉 0-2세 표준보육과정에 적용이 어려운 이유 측정 문항

Q. SDGs 및 ESD의 내용이 개정된 0-2세 표준보육과정에 반영하여 적용하는 데 어려움이 있다고 생각하십니까? □① 매우 아니다 □② 아니다 □③ 보통이다 □④ 그렇다 □⑤ 매우 그렇다 Q. 위의 내용을 0-2세 표준보육과정에 적용하기 어려운 이유에 대해서 말씀해 주십시오. 예) □① 정보/지식이 부족해서 □② 개정된 교육·보육과정(놀이중심)에 반영되어 있지 않아서 □③ 연수경험이 부족해서 □④ 활용자료가 부족해서 □⑤ 시간이 부족(활동 준비 시간 등)해서 □⑥ 관심이 없어서 □⑦ 기타(   )

〈표 18〉 누리과정에 적용이 어려운 이유 측정 문항

> Q. SDGs 및 ESD의 내용이 개정된 누리과정에 반영하여 적용하는 데 어려움이 있다고 생각하십니까?
>
> □① 매우 아니다 □② 아니다 □③ 보통이다 □④ 그렇다 □⑤ 매우 그렇다
>
> Q. 위의 내용을 누리과정에 적용하기 어려운 이유에 대해서 말씀해 주십시오.
> 예)
>
> □① 정보/지식이 부족해서 □② 개정된 교육·보육과정(놀이중심)에 반영되어 있지 않아서
> □③ 연수경험이 부족해서 □④ 활용자료가 부족해서
> □⑤ 시간이 부족(활동 준비 시간 등)해서 □⑥ 관심이 없어서 □⑦ 기타(   )

한편 질문에 대한 답변은 0-2세 표준보육과정과 누리과정에 따라 다를 것으로 판단되어 교육과정을 각각 분리하여 질문하였다.

② 교육과정 반영을 위한 지원방식

아래 〈표 19〉, 〈표 20〉은 지속가능발전 개념을 영유아 교육과정에 반영하기 위한 지원방식에 관한 질문이다. 이는 위에서 조사한 영유아 교육과정에 ESD 및 SDGs 내용이 반영되기 어려운 점에 대한 대답으로 이를 해결하기 위한 여러 지원방식에 대해서 보기를 제시하여 질문하였다. 이에 관한 질문 역시 각 과정에 대한 차이가 있을 것으로 판단되어 0-2세 표준보육과정과 누리과정에 대해서 각각 질문하였다.

보기는 최은영 외 5명(2020) 연구에서 사용한 척도를 참고하여 구성하였고 그 내용은 연수, 학습공동체, 동료멘토링, 사례공유, 동영상자료 보급, 관련 책자 배포, 기타 등이다. 이는 본 논문에서 시사점 또는 정부정책 방향을 제시하기 위한 목적을 담고 있다.

〈표 19〉 0-2세 표준보육과정 반영을 위한 지원방식 측정 문항

Q. 0-2세 표준보육과정에 반영하기 위한 지원방식은?
□① 연수 □② 학습공동체 □③ 동료멘토링 □④ 사례공유
□⑤ 동영상자료 보급 □⑥ 관련 책자 배포 □⑦ 기타(   )

〈표 20〉 누리과정 반영을 위한 지원방식 측정 문항

Q. 표준보육과정에 반영하기 위한 지원방식은?
□① 연수 □② 학습공동체 □③ 동료멘토링 □④ 사례공유
□⑤ 동영상자료 보급 □⑥ 관련 책자 배포 □⑦ 기타(   )

2. 심층 인터뷰 설계

1) 심층 인터뷰 의의

앞에서도 언급했듯이 본 논문의 첫 번째 단계, 즉 실험연구 방법을 통해 조사된 결과를 중심으로 심층 인터뷰를 진행하였다. 그리고 최대한 연구목적에 맞는 자료를 수집하기 위해 '구조화된 인터뷰(structured interview)'를 실시하였다. 본 논문의 특성상 전국적인 어린이집과 유치원 원장을 대상으로 연구한 것이 아닌 서울시 및 경기도를 중심으로 어린이집 및 유치원을 운영하는 원장을 대상으로 연구하기 때문에 표본 수가 원칙적으로 적을 수밖에 없었다.

즉 본 논문에서 얻고자 하는 내용은 ESD 및 SDGs 내용이 표준보육과정 및 누리과정에 담길 방법 등에 대한 자세한 설명이다. 그리고 그 자세한 설명은 앞서 이론과 실제가 연계된 교육 목표와 같이 응답자들의 전문적 교육 경

험을 통해 영유아 교육과정에 지속가능발전 개념을 반영하기 위한 해답을 찾는 단서가 되기 때문이다. 따라서 어린이집과 유치원 교육 현실에 접근하는데 있어 더욱 경험적인 정확성을 추구하는 심층적 인터뷰 방식을 사용하였다(Moyser and Wagstaffe, 1987).

2) 주요 내용

이는 연구 대상자인 어린이집과 유치원 원장의 경험을 통해 SDGs 및 ESD의 반영 방법을 구하기 위한 질문이다. 따라서 이 질문의 경우 〈부록 1〉과 같이 SDGs를 달성하기 위한 교육내용인 ESD를 중심으로 질문하였다.

물론 답변은 형식에 구애받지 않고 자유로운 답변이 가능하게 하였다. 예를 들어 ESD를 구성하고 있는 23개 요소를 중심으로 각 요소는 각각 〈부록 3〉에서 확인할 수 있는 0-2세 표준보육과정의 내용 범주 중 어떤 범주에 해당하고 또 어떻게 적용할 수 있는지 자유로운 대화를 통해 접근하였다. 이 과정에서 가장 중요한 연구 대상자의 경험을 끌어내는 데 초점을 맞추었음을 알린다. 또한 추가로 각각의 23개 요소와 표준보육과정의 내용 범주와 화살표 등으로 연결을 요구함으로써 구체화하였다. 물론 가능하면 세부 내용 범주와 연결할 수 있도록 유도함으로써 단순히 ESD 구성요소와 표준보육과정의 내용 범주와 연결하는 것이 아닌 구체적 사안까지 조사하는 것을 목적으로 하였다. 누리과정 역시 위와 같은 방법을 그대로 적용하여 인터뷰하였다. 누리과정의 주요 내용은 〈부록 4〉와 같은 내용을 제시하고 인터뷰하였다.

제4장

분석

제1절
실험 및 심층 인터뷰 대상자 특성

본 논문의 목적을 달성하기 위해 서울 시내 및 경기도 지역에 소재하고 있는 어린이집과 유치원 원장을 대상으로 ESD, SDGs의 내용을 담고 있는 동영상 시청과 시청 이후의 인식변화를 측정, 이후 그 결과를 토대로 인식변화 이유와 더 나아가 ESD, SDGs의 내용을 어떻게 0-2세 표준보육과정 및 누리과정에 변화를 일으키고 스스로 적용할 수 있는지에 대한 근본적인 해답을 얻고자 심층 인터뷰를 실시하였음을 앞서 언급하였다.

이러한 실험과 심층 인터뷰 대상자들의 구성은 〈표 21〉과 같다. 우선 성별 구성을 살펴보면 우리나라 어린이집과 유치원 교사의 대부분이 여성이어선지 본 논문에 참여한 서울시 및 경기도 지역의 영유아 교육 원장 역시 8명 모두 여성으로 구성되었다. 연령 구성은 40세 미만, 50세 미만, 60세 미만, 60세 이상으로 나누었을 때, 50세에서 60세 미만이 11명으로 가장 큰 비율을 차지하고 있다. 구체적으로 언급하면 각 52세 2명, 53세 3명, 58세 3명, 59세 3명으로 10년 이상의 영유아 교육 경력을 가진 경험 많은 대상자였다. 그리고 나머지 대상자는 경력 10년 미만으로 45세 2명, 47세 3명, 49세 2명이었으며, 경력 5년 미만의 34세 2명, 31세 1명이었다.

최종학력 기준을 중심으로 그 구성을 살펴보면 교육원 2명, 전문대 8명, 학사 8명, 석사 3명으로 대상자 대부분 영유아 교육 관련 전문교육을 이수한 영유아 교사임을 확인할 수 있었다. 이들이 운영하는 기관 유형별 구성은 사립법인 유치원을 운영하는 원장 2명, 민간 어린이집을 운영하는 19명이다.

⟨표 21⟩ 인터뷰 대상자 특성

구분		수(명)	비고
전체		21	각 부문별 인원수
성별	남성	0	
	여성	21	
연령	40세 미만	3	
	40~50세 미만	7	
	50~60세 미만	11	
	60세 이상	0	
최종학력	고등학교 졸업	0	
	교육원	2	
	전문대	8	
	학사	8	
	석사	3	
	박사	0	
기관 경력	3년 미만	2	
	3~5년 미만	4	
	5~10년 미만	4	
	10년 이상	9	
기관 유형	유치원	2	
	어린이집	19	

제2절

ESD, SDGs 인식변화

1. 지속가능발전 개념 이해

1) 동영상 시청 이전 지속가능발전 개념 이해

인터뷰 대상자 대부분은 이 실험에서 제시한 동영상을 통해서 지속가능발전 개념을 접하기 전까지 인식하지 못했던 것으로 나타났다. 최은영 외 5명 (2020)의 연구 결과에서 찾을 수 있듯이 2019년 영유아 보육과정 개편과정에서 ESD, SDGs와 같은 지속가능발전 개념이 구체적으로 반영되지 못한 상황에서 영유아 교육 교사가 이에 대한 인식이 부족한 것으로 나타난 점은 당연히 예상할 수 있는 결과라 하겠다.

〈표 22〉 ESD 및 SDGs 동영상 및 자료 접하기 전 용어 이해

구분	SD	SDGs	ESD
예	1	0	0
아니요	20	21	21

특히 지속가능발전 개념에 대해서 이해하고 있었다고 대답한 인터뷰 대상자에게 어떠한 경로를 통해 개념을 접했는지에 대한 추가적 질문에 교육과정의 설명이 아닌 TV 다큐멘터리, 기타 대기업의 상업광고를 통해서 접할 수 있었다는 대답을 얻었다. 이 점에서 독일 등 외국 사례와 같이 교육과정에 지속가능발전 개념이 명확히 언급되고 있듯이 우리 교육과정에도 구체적인 언급과 설명이 들어가야 함은 물론 보수 교육을 통한 지속가능발전에 대한 인식 저변을 위한 노력이 필요한 것으로 판단되었다.

2) 지속가능발전교육 반영 필요성

① 0-2세 표준보육과정 반영 필요성

인터뷰 결과 0-2세를 대상으로 하는 표준보육과정에 지속가능발전 개념을 반영해야 한다는 필요성에 대해서 인터뷰 대상자들에게 관련 동영상 시청 후 꼭 필요한지에 대한 질문을 던졌을 때 〈표 23〉과 같이 대부분 '꼭 필요하다'라는 인식을 보여주었다. 이러한 결과는 본 논문의 의미와 같이하는 것으로 교사의 실천적 행태가 영유아 교육에 중요한 요인이 된다는 점에서 이러한 결과는 시사하는 바가 크다.

〈표 23〉 표준보육과정 반영 필요성

구분	빈도	비율
보통이다	2	9.5
필요하다	10	47.6
매우 필요하다	9	42.9
Total	21	100.0

다만 '보통이다'로 응답한 교사의 의견 역시 그 이유를 구체적으로 들어볼 필요가 있었다. 즉 다른 응답자와는 달리 '보통이다'로 대답한 이유를 간과할 수 없었기 때문이다. 이에 대한 심층 인터뷰에서 얻은 의견은 생각보다 간단하였다. 즉 0-2세를 대상으로 하는 표준보육과정에 의미를 두고 지속가능발전에 대한 구체적이고 상징적으로 접근하는 것보다는 자연스럽게 그 상황에 접하도록 유도하는 것이 더 필요하다는 의견으로 그 필요성을 강조할 이유가 없어서 '보통이다'로 대답한 것이다.

② 누리과정 반영 필요성

이와 마찬가지로 3-5세를 대상으로 하는 누리과정에 지속가능발전 개념이 반영되어 강조되어야 한다는 필요성에 대해서는 앞선 질문인 0-2세 표준보육과정과 유사하게 필요하다는 의견이 많은 것으로 나타났다. 물론 확고하게 필요하다는 의견이 많다는 점에서 그 차이를 찾을 수 있었다. 그 결과는 아래 〈표 24〉와 같다.

〈표 24〉 누리과정 반영 필요성

구분	빈도	비율
보통이다		
필요하다	10	47.6
매우 필요하다	11	52.4
Total	21	100.0

3) 지속가능발전과 0-2세 표준보육과정

① 지속가능발전목표와 0-2세 표준보육과정

우리나라 표준보육과정에 지속가능발전목표가 담겨 있는지 조사하기 위해 SDGs의 17가지 목표와 지속가능발전목표를 달성하기 위한 교육 요소를 정리한 ESD 23개 요소를 중심으로 질문하였고 그 응답은 다음 〈표 25〉와 같다.

전체적인 응답 분위기는 0-2세를 대상으로 하는 표준보육과정에 구체적인 지속가능발전목표가 담겨 있다는 의견이 다수였다. 그렇지만 일부 응답자의 경우 '사회분야', '경제분야'의 경우 담겨 있지 않은 것으로 응답하기도 하였다. 즉 '사회분야'의 '빈곤감소 및 사회안전망 강화', '기아종식', 경제분야의 '좋은 일자리와 경제성장', '사회시설 기반 및 R&D', '불평등 해소' 부분에 반영되어 있지 않다는 의견을 내놓았다. 다만 주의해야 할 점은 다른 분야에 반영되어 있다는 의견이 우리나라 표준보육과정에 공식적으로 지속가능발전목표가 담겨 있다는 의미는 아니었다. 단지 우리나라 영유아 교육과정에 담긴 목표 및 내용과 지속가능발전목표인 SDGs와 유사한지에 관한 질문으로 해석해야 했다.

이러한 결과는 최은영 외 5명(2020)의 연구 결과와 비교해 봄으로써 또 다른 시사점을 얻을 수 있다. 물론 최은영 외 5명(2020) 연구의 경우 SDGs를 직접 물어본 것은 아니었다. 다만 교육내용인 ESD를 대상으로 연구한 결과란 점에서 간접적으로 비교할 수 있을 것이다. 결과적으로는 전체적인 응답 분위기가 0-2세를 대상으로 하는 표준보육과정에 구체적인 지속가능발전목표가 담겨 있다는 의견이 다수였다는 점에서 다른 결과가 나온 것으로 판단할 수 있을 것이다.

〈표 25〉 지속가능발전목표와 표준보육과정(0-2세)

구분		있다	없다	모름
사회	① 빈곤감소 및 사회안전망 강화	14	5	2
	② 기아 종식	10	9	2
	③ 건강과 참살이	21		
	④ 양질의 교육	19	2	
	⑤ 성평등	21		
	⑥ 깨끗한 물관리	20	1	
	⑦ 모두를 위한 친환경 에너지	20	1	
경제	⑧ 좋은 일자리와 경제성장	11	5	2
	⑨ 사회시설 기반 및 연구·개발	11	5	2
	⑩ 불평등 해소	11	5	2
	⑪ 지속가능한 도시와 주거지	18	3	
	⑫ 지속가능한 소비/생산	21		
환경	⑬ 기후변화 대응	21		
	⑭ 해양생태계 보전	21		
	⑮ 육상생태계 보전	21		
틀	⑯ 인권, 정의, 평화	18	1	2
	⑰ 지구촌 협력 강화	18	1	2

그러나 나타난 결과에서 일부 응답자의 대답을 유심히 살펴볼 필요가 있었다. 즉 반대로 일부 응답 결과는 최은영 외 5명(2020)의 연구에서 나타난 결과, 즉 환경적 관점에서 그 내용이 표준교육과정에 담겨 있다는 내용과 경제적 관점은 나타나 있지 않다는 의견과 동일했기 때문이다.

따라서 다른 결과란 점에서 '있다'라고 대답한 응답자들에게 추가적인 질문과 그 이유에 대해서 질문하였다. 즉 표준보육과정에 지속가능발전목표가 반영되어 있다고 대답한 이유에 관해서 물어본 결과 우리나라 표준보육과정의 특징에서 해답을 찾을 수 있었다. 즉 표준보육과정 내용은 초중고 교육과정에서와 같이 교과서가 없고 교사의 교안, 즉 '교육계획안'에 담겨 전달되기 때문이다. 즉 교육 경험이 많은 교사 입장에서 '교육계획안'을 통해 현재 마련되어 있는 표준보육과정에 반영시켜 지속가능발전 의미를 전달할 수 있다는 자신감의 표현으로 대답하였기 때문이다.

즉 결과론적으로 현재 우리나라의 표준보육과정에는 공식적으로 담겨 있지 않지만 지속가능발전목표란 점에서 목표를 담고 실현할 수 있는 교육과정 수단은 마련되어 있는 것으로 판단할 수 있다. 다시 강조하지만, 지속가능발전에 대한 교사의 실천과 인식이 우선이란 비판적 페다고지의 교육자 위주의 접근방법과 그 의미와 뜻을 같이한다고 하겠다.

한편 모른다는 의견도 일부 있었다. 이에 대해서는 역시 아직 어린 0-2세를 대상으로 하는 표준보육과정에 지속가능발전목표가 담겨 있는 것에 대한 의구심과 반영되어 있다는 인식 사이에 혼동되어 모른다는 의견으로 제시하였다는 추가 의견을 얻을 수 있었다.

② 지속가능발전교육과 0-2세 표준보육과정

지속가능발전교육(ESD) 내용 역시 비슷한 경향을 보였다. 다만 지속가능발전목표 17가지와는 달리 구체적인 교육내용을 설명하는 ESD의 경우 대부분 반영된 것으로 인식하고 있었다. 이는 목표와 달리 목표를 달성하기 위한 교육내용이란 점에서 ESD 표의 내용이 구체적으로 표현되어 있기 때문으로 보인다. 이러한 구체적인 표현은 표준보육과정과 연계할 때 보다 긍정적인 판단으로 이어졌기 때문이다. 다만 ESD 역시 사회 · 문화 및 환경 분야와는 달리 경제분야 4가지 요소의 경우 반영되어 있지 않다는 의견이 다른 분야보다는 많은 것으로 의견을 내놓았다. 이는 〈표 26〉에서 확인할 수 있다.

한편 최은영 외 5명(2020)의 연구와 비교해 볼 때 다른 결과라 할 수 있다. 즉 0-2세 표준보육과정에 ESD 내용이 모두 포함되어 있다는 의견이 많았다는 점이다. 물론 일부 응답자의 경우 사회문화 관점에서의 일부 요소와 경제적 관점은 표준보육과정에 나타나 있지 않다는 의견과 같이했다. 따라서 다른 결과란 점에서 '있다'라고 대답한 응답자들에게 추가적인 질문과 그 이유에 대해서 같은 질문과 대답을 들었다. 즉 앞에서 분석한 SDGs의 반영 여부와 마찬가지로 교육 경험이 많은 교사 입장에서 교육 현장에서 지속가능발전 교육 내용, 즉 ESD를 표준보육과정에 반영시켜 지속가능발전 의미를 전달할 수 있다는 의식으로 '반영되어 있다'에 표시한 것이었다.

마지막으로 대부분 응답자는 지속가능발전목표인 SDGs와 마찬가지로 경제 분야의 경우 아직 0-2세를 대상으로 한다는 점에서 아직은 구체적으로 반영시키기에는 이르다는 의견을 내놓았다.

〈표 26〉 지속가능발전교육과 표준보육과정(0-2세)

구성요소		있다	없다	모름
사회 문화	① 인권	19	2	
	② 평화	19	2	
	③ 안전(환경 안전)	21		
	④ 문화 다양성(다양성 인정)	8		
	⑤ 사회정의	18	2	1
	⑥ 건강과 식품	21		
	⑦ 양성평등	19	2	

	구성요소	있다.	없다	모름
사회 문화	⑧ 시민참여	18	2	1
	⑨ 소양(매체, ICT 활용)	18	3	
	⑩ 세계, 국제적 책임	19	1	(미응답 1)
환경	⑪ 천연자원	21		
	⑫ 에너지	19	2	
	⑬ 기후변화	19	2	
	⑭ 생물 다양성	21		
	⑮ 환경문제	21		
	⑯ 지속가능한 식량생산	19	2	
	⑰ 지속가능한 지역사회	21		
	⑱ 재해예방 및 감소	19	2	
	⑲ 교통	21		
경제	⑳ 지속가능한 생산과 소비	18	2	(미응답 1)
	㉑ 시장 경제	20	1	
	㉒ 빈부격차 완화	20	1	
	㉓ 기업의 지속가능성	18	3	

4) 지속가능발전과 누리과정

① 지속가능발전목표와 누리과정

누리과정에 대한 지속가능발전목표의 반영 정도는 0-2세 표준보육과정 반영과는 다른 결과가 나타났다. 0-2세를 대상으로 하는 표준보육과정과는 달리 누리과정에는 지속가능 발전 목표와 대응하는 개념이 많은 부분 반영된 것으로 판단하고 있는 것으로 나타났다. 응답한 분포는 〈표 27〉과 같다.

다만 이 역시 교사 입장에서 교안 내용에 담을 수 있다는 확신을 표현한 것으로 심층 면접을 통해 확인할 수 있었다. 특히 경제 분야에 대해서도 최은영외 5명(2020) 연구와는 달리 새로 개정된 누리과정의 많은 교육 방법 특히 많은 응용과 주제 적용이 가능한 놀이 교육을 통해 전달할 수 있을 것으로 의견을 제시하였다.

〈표 27〉 지속가능발전목표와 누리과정

구분		있다	없다	모름
사회	① 빈곤감소 및 사회안전망 강화	19	2	
	② 기아 종식	21		
	③ 건강과 참살이	21		
	④ 양질의 교육	21		
	⑤ 성평등	21		
	⑥ 깨끗한 물관리	21		
	⑦ 모두를 위한 친환경 에너지	21		
경제	⑧ 좋은 일자리와 경제성장	17	3	1
	⑨ 사회시설 기반 및 연구·개발	19	2	
	⑩ 불평등 해소	18	3	
	⑪ 지속가능한 도시와 주거지	21		
	⑫ 지속가능한 소비/생산	21		
환경	⑬ 기후변화 대응	21		
	⑭ 해양생태계 보전	21		
	⑮ 육상생태계 보전	21		
틀	⑯ 인권, 정의, 평화	21		
	⑰ 지구촌 협력 강화	21		

② 지속가능발전교육과 누리과정

누리과정에는 지속가능발전 내용이 충분히 담겨 있다고 판단하는 것으로 나타났다. 물론 이 역시 교사 입장에서 교안 내용에 담을 수 있다는 확신을 표현한 것으로 심층 면접을 통해 확인할 수 있었다. 이는 지속가능발전목표의 경우와 유사한 결과를 얻었지만, 목표가 아닌 교육내용이란 점에서 좀 더 교육과정에 관련 내용을 구체적으로 반영하여 담을 수 있는 것으로 확인하였다. 그 분포는 다음 〈표 28〉과 같다.

특히 경제요소의 경우 아직 어려운 개념으로 아이들 수준에 맞추어 놀이를 진행하는 방식이 되어야 한다는 표준보육과정(0-2세)은 달리 지속가능한 생산과 소비, 시장경제, 빈부격차 완화, 기업의 지속가능성 등 경제요소는 교육과정의 사회관계의 더불어 생활하기, 사회에 관심을 가지기, 의사소통에 책과 이야기 즐기기, 듣고 말하기 등으로 수업할 수 있고, 미디어 자료 등을 이용할 수 있는 것으로 판단하고 있었다. 특히 학부모 참여 수업 등 그 방법이 다양할 수 있음을 확인하였다.

〈표 28〉 지속가능발전교육과 누리과정

구성요소		있다	없다	모름
사회 문화	① 인권	21		
	② 평화	21		
	③ 안전(환경 안전)	21		
	④ 문화 다양성(다양성 인정)	21		
	⑤ 사회정의	21		
	⑥ 건강과 식품	21		
	⑦ 양성평등	21		
	⑧ 시민참여	20	1	
	⑨ 소양(매체, ICT 활용)	21		
	⑩ 세계, 국제적 책임	20	1	

구성요소		있다	없다	모름
환경	⑪ 천연자원	21		
	⑫ 에너지	21		
	⑬ 기후변화	21		
	⑭ 생물 다양성	21		
	⑮ 환경문제	21		
	⑯ 지속가능한 식량 생산	20	1	
	⑰ 지속가능한 지역사회	21		
	⑱ 재해예방 및 감소	21		
	⑲ 교통	21		
경제	⑳ 지속가능한 생산과 소비	21		
	㉑ 시장 경제	21		
	㉒ 빈부격차 완화	18	3	
	㉓ 기업의 지속가능성	18	2	1

2. 영유아 교육과정 반영 한계

1) 0-2세 표준보육과정 반영 한계 및 이유

SDGs 및 ESD와 같은 지속가능발전 개념을 개정된 표준보육과정에 반영하여 적용하는 데 어려움이 있는지에 관한 질문에 '가능하다'라는 의견이 대부분이었다. 즉 표준보육과정에 지속가능발전 개념을 반영하는 것이 아주 어렵지 않다는 의견이다. 이러한 결과는 앞에서 현재 반영되어 있는지에 관한 질문에 있다고 대답한 이유와 그 의미가 상통하는 결과라 하겠다. 즉 교육 경험이 많은 영유아 교사란 점에서 표준 교과서가 아닌 자신만의 '교육계획안'

을 통해 지속가능발전 의미를 전달할 수 있다는 자신감의 표현으로 대답하였
기 때문이다. 또한 이러한 과정이 가능할 수 있도록 시스템이 갖추어져 있다
는 인식의 표현이었다. 그 응답 분포는 〈표 29〉와 같다.

〈표 29〉 0-2세 표준보육과정 반영 어려움

구분	빈도	비율
매우 아니다	15	62.5
아니다	0	0.0
보통이다	4	25.0
그렇다	2	12.5
매우 그렇다	0	0.0
Total	21	100.0

다만 '보통이다', '그렇다'로 대답한 응답자의 의견을 분석할 필요가 있다.
이들을 대상으로 한 추가 질문에 대한 답으로 대부분 0-2세 대상으로 개념을
이해시키기에는 시기상조란 의견이었고, 이해보다는 교육 경험을 통해 지속
가능발전목표와 관련된 사례 및 행동 등을 접할 수 있도록 하는 것이 중요하
다는 인식으로 표현하였다.

〈표 30〉 표준보육과정 반영 어려운 이유

구분	빈도	비율
정보지식이 부족해서	10	47.6
개정된 교육 및 보육과정에 반영되지 않아서	0	0.0
연수경험이 부족해서	2	9.5
활용자료가 부족해서	0	0.0

구분	빈도	비율
시간이 부족(활동 준비 시간 등)	0	0.0
관심이 없어서	2	9.5
기타	0	0.0
(미응답)	7	33.3
Total	21	100.0

위의 〈표 30〉은 응답자 본인이 표준보육과정에 지속가능발전 개념을 적용하는 데 있어 어려운 이유에 대한 의견 분포를 보여준다. 우선 정보 지식이 부족해서란 응답이 많다는 점에서 교사에 대한 교육이 우선되어야 한다는 당위성에 대해서 논할 수 있을 것이다. 아마도 대부분 응답자는 본 논문에서 사용한 동영상을 보기 전까지 지속가능발전에 대한 인식과 그 개념을 이해하기 어려웠다는 것을 응답으로 표현한 것 같다. 이러한 해석은 보기 중 하나인 '개정된 교육 및 보육과정에 반영되지 않아서'에 응답자가 없다는 데에서 또한 유추할 수 있을 것이다. 즉 대부분 응답자는 개정된 교육 및 보육 과정에 지속가능발전목표 및 교육내용이 포함된 것에 대해서 크게 연연하지 않았다는 점이다. 오히려 교사 자신의 교육내용에 대한 자유도가 높아 이를 충분히 반영할 수 있다는 점을 강조하고 있었다.

앞서 분석한 내용처럼 현재의 개정된 표준보육과정에 교사의 자율성과 다양성을 존중하고 강조된다는 점에서 교사가 지속가능발전 개념을 인식하고 있다면 교육과정에 지속가능발전에 대한 구체적인 내용과 그 목표가 반영되어 있지 않더라도 충분히 그 전달 역할을 담당할 수 있을 것이란 자부심이 있기 때문이다. 그러나 우선되어야 할 것은 관련 정보 지식이 먼저 제공되어야 한다는 점도 잊어서는 안 될 것이다. '관심이 없어서'에 응답한 이유 역시 같은 맥락으로 해석될 수 있을 것이다. 즉 교사가 지속가능발전에 대해 무지하다면 반영할 수 없는 현실에 대한 표현이다.

다음의 〈표 31〉은 응답자 개인이 표준보육과정에 지속가능발전 개념을 반영하기 어려웠던 점을 극복하기 위해 어떠한 지원이 필요한지에 대한 답변으로 중복 가능한 질문이었다. 가장 많은 의견은 '연수'를 통한 지원으로 나타났다. 관련된 연수 방법은 교육부(유치원)의 경우 중앙연수원이며 보건복지부(어린이집)는 육아정책연구소, 보육진흥원 등이 그 역할을 담당하고 있다. 이들의 역할이 기대되는 이유이다. 다음으로 학습공동체이다. 이는 모든 영유아 교육 교사를 대상으로 연수하는 것이 시간, 비용 면에서 불리한 이유를 들어 일부 교사의 연수와 이들을 중심으로 한 학습공동체 운영이 '효율적이다'란 이유에서였다. 또한 본 논문의 실험에서 제시한 동영상 자료 보급 역시 높은 응답을 보였는데 그 이유는 시간 대비 효과와 비용 등의 이유였다.

〈표 31〉 표준보육과정 반영을 위한 지원 방식(중복 가능)

구분	빈도	비율
연수	12	38.7
학습공동체	6	19.4
동료멘토링	2	6.5
사례공유	2	6.5
동영상자료 보급	6	19.4
관련책자 배포	2	6.5
기타	1	3.2
Total	31	100.0

한편 표준보육과정에 지속가능발전 개념이 반영되기 위한 지원방식으로 국가 수준의 강조와 더불어 이에 대한 효과로 대학 교육과정에 정규 과목으로 설치하는 방법에 대해서 언급한 응답자도 있었다. 이에 대해 심층 인터뷰 한 결과 질문 보기로 제시된 연수, 학습공동체, 동료 멘토링, 사례공유, 동영상 보급 등은 영유아 교사 이후의 과정이란 점을 한계로 지적하면서 교사 자격증을 얻는 과정에서 지속가능발전교육에 대해 학습하고 적용방안에 대해 수업을 듣는다면 보다 큰 효과를 보일 것이란 의견을 나타냈다.

2) 누리과정(3-5세) 반영 한계 및 이유

SDGs 및 ESD와 같은 지속가능발전 개념을 누리과정에 적용하는 데 있어서 한계 및 어려움은 0-2세를 대상으로 하는 표준보육과정과 크게 다르게 생각하지 않는 것으로 판단할 수 있다. 이는 〈표 27〉에 나타난 수치로도 확인할 수 있다. 이러한 결과 역시 앞에서 현재 반영되어 있는지에 대한 질문에 '있다'로 대답한 이유와 그 의미가 상통하는 결과라 하겠다.

〈표 32〉 누리과정에 반영 어려움

구분	빈도	비율
매우 아니다	14	66.7
아니다	3	14.3
보통이다	4	19.0
그렇다	0	0.0
매우 그렇다	0	0.0
Total	21	100.0

다만 0-2세를 대상으로 하는 표준보육과정보다는 좀 더 성숙한 누리과정이란 점에서 그 반영이 비교하여 쉽다는 의견이 강하게 나타났다. 특히 뒤에 기술되는 구체적인 반영 방안에서 나타나듯이 경제 분야에서 바라보는 시각이 다른 것으로 나타났다. 즉 0-2세 대상의 표준보육과정과는 달리 보다 구체적으로 개념을 전달할 수 있을 것으로 확신하는 응답자들이 대부분이었다. 위의 〈표 32〉와 같이 반영의 한계에 '그렇다'라고 응답한 대상자가 없다는 점도 이러한 인식을 반영한 결과라 하겠다.

앞서 0-2세 대상 표준보육과정에서 기술한 바와 같이 '보통이다'로 대답한 응답자에게 추가적인 의견을 물어보았을 때 지속가능발전 개념의 이해보다는 놀이와 같은 교육방법을 통해 지속가능발전목표와 관련된 사례 및 행동 등을 접할 수 있도록 하는 것이 중요하다란 인식과 함께 이를 전달할 교육계획안 등을 마련하기가 쉽지는 않다란 의견을 표현하였다. 결국 교육계획안 등을 이용한 반영 방안이 현실에서는 선생님의 경험과 결부되는 경우가 많다는 점에서 이러한 경험을 공유하는 방안, 그리고 지속가능발전교육 내용을 공식적인 언급과 더불어 지속가능발전교육 내용을 제공할 수 있는 정부 및 이해 기구의 노력 또한 필요한 부분이라 하겠다.

다음 〈표 33〉은 응답자 본인이 누리과정에 지속가능발전 개념을 적용하는 데 있어 어려운 이유에 대한 의견이다. 우선 정보 지식이 부족해서란 응답이 많다는 점에서 교사에 대한 교육이 우선되어야 한다는 의미로 유추할 수 있다. 물론 이 점은 지속가능발전교육 내용을 누리과정에 반영하기 어려운지에 대한 질문에 '보통이다'로 대답한 이유와 그 의미가 통하는 점이다. 지속가능발전 개념을 전달할 수단 이외에도 그 내용을 채워줄 정보 지식이 부족하다는 점을 문제로 인식하고 있다. 물론 이는 0-2세 표준보육과정에 대한 인식도 포함하여 해석해야 하는 부분이다. 아마도 대부분 응답자는 본 논문에서 사용한 동영상을 보기 전까지 지속가능발전에 대한 인식과 그 개념을 인식하지 못했다는 점도 그 원인이라 하겠다.

〈표 33〉 누리과정 반영이 어려운 이유

구분	빈도	비율
정보지식이 부족해서	9	42.9
개정된 교육 및 보육 과정에 반영되지 않아서	3	14.3
연수경험이 부족해서	5	23.8
활용자료가 부족해서	0	0.0
시간이 부족(활동 준비 시간 등)	0	0.0
관심이 없어서	0	0.0
기타	0	0.0
(미응답)	4	19.0
Total	21	100.0

결국 이러한 결과는 표준보육과정과 마찬가지로 정보지식이 부족해서에 응답률이 높다는 점에서 교사에 대한 교육 특히 지속가능발전 개념을 교사에게 노출할 수 있는 여러 방법이 마련되어야 한다는 시사점을 유추할 수 있었다. 다시 반복하지만 앞서 이론적 배경에서 분석한 내용처럼 현재의 개정된 누리과정에 교사의 자율성과 다양성을 존중하고 강조한다는 점에서 교사가 지속가능발전 개념을 인식하고 있다면 교육과정에 지속가능발전에 대한 구체적인 내용과 목표가 반영되어 있지 않더라도 충분히 그 전달 역할을 담당할 수 있을 것이란 확신이 분명해 보였다.

한편 0-2세 대상의 표준보육과정과는 달리 누리과정에 반영하는 것이 어려운 이유로 '개정된 교육 및 보육 과정에 반영되지 않아서'를 언급한 응답자가 있어 그 이유를 추가로 질문하였다. 이유는 좀 더 성숙한 누리과정이란 점에서 또한 응답자 본인의 교육 경험을 통해서 3세에서 5세 유아들 대부분 충분히 그 개념을 이해하고 받아들일 수 있다는 점에서 교육과정의 목표 및 추구 방향에 공식적으로 명시하는 것도 필요하다는 의견이었다. 앞서 외국의 사례에서 독일이 그 예가 된다.

〈표 34〉 누리과정 반영을 위한 지원 방식(중복 가능)

구분	빈도	비율
연수	12	40.0
학습공동체	4	13.3
동료멘토링	2	6.7
사례공유	0	0.0
동영상자료 보급	9	30.0
관련책자 배포	2	6.7
기타	1	3.3
Total	30	100.0

위의 〈표 34〉는 응답자 개인이 누리과정에 지속가능발전 개념을 반영하기에 어려웠던 점을 극복하기 위해 어떠한 지원이 필요한지에 관한 내용으로 중복 가능한 질문이었다. 결과는 0-2세 표준보육과정과 유사한 응답을 보여주었다. 이를 극복하기 위해 연수 과정에 지속가능발전 교육이 필요하며 더 나아가 지속가능발전 개념이란 주제로 연수 과정을 만드는 것도 한 방법으로 의견을 제시하였다. 다시 강조하지만, 중앙연수원, 육아정책연구소, 보육진흥원

등의 기관의 역할이 중요하고 꼭 필요한 이유라 하겠다. 또한 초등교육에서 선생님들 간 활발히 진행되고 있는 학습공동체 활동의 활성화 역시 좋은 방안으로 제시되었으며, 또한 스웨덴 외국 사례에서 살펴볼 수 있었던 지속가능발전 관련 교육 기관 인증제도 도입과 함께 그 요건으로 활용하면 좋은 효과를 보일 것이란 의견도 잊지 않았다.

마지막으로 앞서 표준보육과정에 반영하기 위한 지원방식 질문에서와 같이 기타 의견으로 누리과정 역시 고등교육인 사범대 등 대학 정규 과목으로 설치되어 있지 않다는 점에 대해서 아쉬움을 나타냈다.

심층 인터뷰 결과 및 분석

1. 0-2세 표준보육과정

1) ESD 반영 가능성

지속가능발전교육의 반영 가능성을 알아보기 위해 SDGs를 반영한 ESD의 주요 내용을 0-2세 표준보육과정 내용에 담길 수 있는지에 대한 의견을 인터뷰 대상자들에게 질문하였다. 이에 대한 답변은 SDGs 및 ESD와 같은 지속가능발전 개념을 개정된 표준보육과정에 반영하여 적용하는 데 있어서 어려움 없이 모든 분야에 가능하다는 의견이 대다수였다. 더욱이 표준보육과정을 실행하기 위한 교육계획안 작성 시 기존의 주제에 더하여 지속가능발전이란 개념으로 교육 주제를 확장하는 긍정적인 면도 있을 수 있다는 의견을 보였다. 다만 영유아 수준에 맞는 부분으로 눈높이에 맞게 진행되어야 한다는 의견도 잊지 않았다.

A: 모든 분야가 가능하다. 단지 영유아 수준에 맞는 부분으로 눈높이에 맞추어서 진행해야 한다

B: 모든 분야로 가능하다. 그러나 영아는 발달 정도가 수준 높은 것은 불가능하므로 놀이 교육으로 영아 수준에 맞추어 기본생활 습관과 신체운동 율동 등으로 진행하고 의사소통은 이에 관련된 동화책을 읽어 주고 이야기 나누고, 사회관계는 나와 타인이 더불어 살아가기에 대해 설명하고 이야기를 나눈다. 이 모든 분야를 예술 경험으로 동요와 손유희 등으로 감각을 통해 표현하고 그림으로 그려 보거나 사진을 붙여보고 스티커를 붙여본다.

- 0-2세 표준보육과정에 ESD 반영 가능 관련 심층 인터뷰 내용 중

즉 영아의 발달 수준에 맞춰 놀이 교육 위주로 제시하여야 하고 기본생활 습관과 신체운동 특히 율동 등으로 진행하고 표준보육과정의 의사소통은 이에 관련된 동화책을 읽어주고 이야기를 나누는 방법, '사회관계' 구성요소는 나와 타인이 더불어 살아가기에 관해 설명하고 이야기를 나누는 등의 교육 방법을 제시하였다. '사회문화' 요소도 표준보육과정의 모든 영역으로 가능하고, '환경' 요소는 자연 탐구와 이에 대한 동물 관련 책 등을 보여주며, 특히 북극곰 등을 보여주며 환경문제와 기후변화와 이에 따라 생물들이 사라질 수도 있다는 안내 등의 교육이 가능하다는 의견이었다.

A: 사회 분야도 모든 영역으로 가능하고, 환경 부문은 자연 탐구와 이에 대한 북극곰과 같은 동물 관련 책 등을 보여주며 환경문제와 기후변화와 이로 인해 생물들이 사라질 수도 있다고 안내가 가능하다.

- 0-2세 표준보육과정에 ESD 반영 가능 관련 심층 인터뷰 내용 중

그러나 0세에서 2세의 영아이기 때문에 '경제' 부문은 재사용, 재활용 등 친환경 개념을 수준에 맞추어 간단히 설명할 수 있으나 시장경제, 빈부격차, 기업의 지속가능성 등은 누리과정에서나 가능하다는 의견이 대부분이었다. 특히 한 응답자의 경우 다문화 아이와 함께 다문화 가정의 다양성에 대해 설명할 수 있음을 아이디어로 제시하기도 하였다.

A: 그러나 표준과정의 영아이므로 경제는 재사용, 재활용 등 친환경을 수준에 맞추어 간단하게 설명을 할 수 있으나 시장경제, 기업의 지속가능성 등은 누리과정에서나 가능할 듯 하다. 경제의 시장경제나 빈부격차, 기업의 지속가능성은 영아에게는 어려울 듯하다.
B: 베트남 아동이 있어 다문화 가정의 다양성에 대해 설명을 해주고 있다. 부모가 외국인일 수 있어서 이러한 경험을 같은 반 아이들에게 전달해 주면 좋을 듯하다.

– 0-2세 표준보육과정에 ESD 반영 가능 관련 심층 인터뷰 내용 중

2) ESD 반영하기 위한 구체적 방안

심층 인터뷰를 통해서 모든 ESD 내용, 즉 지속가능발전교육 구성요소에 포함되는 23가지는 모두 현재의 교육과정을 통해 반영할 수 있고 영유아들에게 전달될 수 있음을 인지할 수 있었다. 그 구체적 반영 방안은 다음 예와 같다.

① 사회문화
대부분 인터뷰 대상자는 지속가능발전교육 구성요소 중 '사회문화'와 관련하여 표준보육과정의 내용 범주인 '의사소통', '사회관계', '예술경험' 등을 통해서 영유아 학생들에게 지속가능발전 개념을 전달할 수 있을 것으로 의견을

표했다. 구체적인 응답 내용은 다음과 같다.

우선 '사회문화' 구성요소 중 인권과 관련한 내용은 0-2세 표준교육과정의 내용 범주인 사회관계 범주의 '나를 알고 존중하기'와 '더불어 생활하기'에서 충분히 가능하다는 의견이었다. 또한 평화 요소는 아이들이 시설 생활 중 분쟁이 있을 경우를 대비하여 사회관계의 '더불어 생활하기' 내용을 미리 알려주는 것도 좋은 방법으로 제시한 응답자도 있었다. 이러한 사례는 본 논문의 교육적 접근방법인 경험과 실제에서 나오는 의견으로 이론적으로 접근해서 찾을 수 없는 예라 하겠다. ''나의 몸은 소중해요' 등의 내용을 가진 그림책과 '친구의 몸도 소중해요'라는 내용의 그림책을 읽어주며, E는 이러한 내용을 보조자료를 사용하여 나와 타인(친구)의 상호 존중을 알려주는 교육 방법, 친구들과 분쟁이 있으면 갈등 해결 방안으로 평화개념 등을 교육할 수 있다는 의견이 있었다.

A: '나의 몸은 소중해요' 등의 내용을 가진 그림책과 '친구의 몸도 소중해요'라는 내용의 그림책을 읽어주며, 보조자료를 사용하여 나와 타인(친구)의 상호 존중을 알려주는 교육 방법, 친구들과 분쟁이 있으면 갈등 해결 방안으로 평화개념 등을 교육할 수 있다.
B: 인권은 사회관계의 나를 알고 존중하기와 더불어 생활하기에서 충분히 가능할 듯하고 평화는 아이들이 분쟁이 있을 때 사회관계의 더불어 생활하기에서 가능할 듯합니다.

- 0-2세 표준보육과정에 ESD(인권, 평화 등)
구성요소 반영 방안 관련 심층 인터뷰 내용

안전 요소는 0-2세 표준보육과정에서 매주 진행하고 있는 안전교육에서 환경과 안전이 녹아 들어갈 수 있는 것으로 조사되었다. 특히 보육 과정에도

기본생활 습관에 '안전하게 생활하기'와 위험한 상황에 대처하는 방법으로 아이들에게 '교통', '소방', '지진', '유괴' 등 다양하게 멀티자료 등으로 수업을 진행하고 있어 큰 문제가 없음을 확인하였다.

A: 안전은 매주 표준보육과정에서 기본생활 안전하게 생활하기와 위험한 상황에 대처하는 방법으로 아이들에게 교통, 기타 안전교육 다양하게 멀티자료 등으로 수업을 진행할 수 있다.
B: 안전 요소는 0-2세 표준보육과정에서 매주 진행하고 있는 안전교육에서 환경과 안전이 녹아 들어갈 수 있다.

– 0-2세 표준보육과정에 ESD(안전 등)
구성요소 반영 방안 관련 심층 인터뷰 내용

문화의 다양성 구성요소도 0-2세 표준보육과정의 사회관계에서 제시하고 있는 '더불어 생활하기'에서 가능한 것으로 인터뷰에 응답하였다. 특히 친구 중 다문화 친구가 있다면 부모님이 외국인일 수도 있다고 수준에 맞추어 안내가 가능할 수 있음을 명시하였다. 또한 미술 활동을 통해 부모의 얼굴들을 사진으로 보는 과정을 만들어 설명할 수 있듯이 예술 경험으로 '창의적으로 표현하기' 등으로 가능하다는 의견을 주었다. 그 외에도 다음과 같은 방안을 제시하였다.

A: 의사소통 범주를 통해 '다르지만 같아요' 등의 내용을 중심으로 한 다문화 그림책을 읽거나 우리가 다른 나라에 가도 이런 부분이 생길 수 있다는 것을 이야기 나누기와 그림책으로 읽는 등 사회관계의 더불어 살아가기 등으로 수업이 가능하고, 그림으로 동양인, 흑인, 백인 등의 얼굴을 그려 보고, 제시해 주는 인형도 동양인 인형, 흑인 인형, 백인 인형 등으로 검은 머리, 금발, 곱슬 그리고 파란 눈, 검은 눈, 잿빛 눈 등이 다양할 수 있다는 것을 놀이 교육으로 다양성과 그 역할 영역에 대해 설명할 수 있다.

사회정의 요소 역시 앞에서 언급한 다양성과 같이 0-2세 영아에게는 어렵겠지만 규칙 등으로 녹여 표준보육과정의 사회관계 범주의 '더불어 생활하기'에서 녹여 수업할 수 있으며, 건강한 식품의 경우 기본생활 범주 과정에서 충분히 설명할 수 있다는 의견이었다. 양성평등은 부모의 성역할과 외조부 가족을 들어서 의사소통이나 사회관계 '더불어 생활하기' 그리고 시기적으로 5월 가족의 달에 수업이 충분히 가능할 수 있음을 보여주었다. 소양은 의사소통과 사회관계 예술 경험, 자연 탐구로 모두 가능하다는 의견이었다.

A: 사회정의 분야는 0-2세 영아에게는 어렵겠지만 규칙 등으로 녹여 표준보육과정의 사회관계 범주의 '더불어 생활하기'에서 녹여 수업할 수 있으며, 건강한 식품의 경우 기본생활 범주 과정에서 충분히 설명할 수 있다.

B: 양성평등은 부모의 성역할과 외조부 가족을 들어서 '의사소통'이나 사회관계 '더불어 생활하기' 그리고 시기적으로 5월 가족의 달에 수업이 충분히 가능할 수 있다.

C: 시민참여 의식은 영아에게 어려운 내용이지만 함께 친구들과 생활하며 문제를 해결하고 참여하여 함께하는 수업으로 사회관계에 더불어 생활하기 수업하고 미술 활동으로 진행하며 예술 경험으로 창의적으로 표현하기 등으로 가능합니다.

세계, 국제적 책임 요소는 현재 '코로나19'처럼 국제적 이슈를 중심으로 서로 문제를 인식하고 의존하며 세계문제에 참여하여야 한다는 기본전제를 기본생활 습관의 '건강하게 생활하기', '안전하게 생활하기' 등을 통해 전달할 수 있음을 표현했다.

A: '세계, 국제적 책임'은 현재 '코로나19'처럼 국제적 이슈를 중심으로 서로 문제를 인식하고 의존하며 세계문제에 참여하여야 한다고 기본생활습관의 '건강하게 생활하기', '안전하게 생활하기'를 통해 전달할 수 있다.

– 0-2세 표준보육과정에 ESD(세계·국제적 책임 등)
구성 요소 반영 방안 관련 심층 인터뷰 내용

그리고 이에 대한 그림책을 읽는 등, 0-2세 표준보육과정 교육내용인 의사소통의 '듣기와 말하기', 사회관계의 '더불어 생활하기' 등을 수업하고 예술경험으로 마스크를 쓴 그림을 그리며 함께 코로나를 극복하기 위한 부분을 표현하는 등의 교육 방법까지 제시하였다.

A: 또한 이에 대한 그림책을 읽으며 의사소통의 '듣기와 말하기', 사회관계 '더불어 생활하기' 등을 수업하고 예술 경험으로 마스크를 쓴 그림을 그리며 함께 코로나를 극복하기 위한 부분을 표현하기로 진행할 수 있습니다.

– 0-2세 표준보육과정에 ESD(세계·국제적 책임 등)
구성 요소 반영 방안 관련 심층 인터뷰 내용

이러한 결과로 볼 때 보육교사의 교육현장에서 나오는 교육 방법을 공유하기 위한 방안과 이를 제시할 수 있는 시스템에 대해서 고민할 필요가 있다.

② 환경

환경 관련 지속가능발전 요소는 환경에 대한 중요성을 강조해 온 교육과정 이어선지 대부분 반영하는 것에 대해 어려움을 느끼는 것 같지는 않았다. 천연자원 요소는 0-2세 표준보육과정 속의 의사소통에 속하는 '책을 읽으며' 등으로 진행할 수 있고, 또한 자연 탐구 영역에서 '자연과 더불어 살아가기', 사회관계 영역에서의 '더불어 살아가기' 등 다양하게 진행할 수 있음을 설명하였다. 특히 예술경험 영역에서의 '그림 그리기'나 '끼적이기', '스티커 붙이기' 등 창의적인 수업이 가능한 것으로 판단하고 있었다. 물론 단순 판단뿐만 아니라 그동안 수업 주제로 진행해 온 경험을 얘기한 것은 물론이다.

A: 구성요소 중 천연자원은 '의사소통'에서 책을 읽으며 진행할 수 있고, 자연 탐구에서 '자연과 더불어 살아가기', 사회관계 '더불어 살아가기' 등을 통해 다양하게 진행하고, '예술경험'으로 그림 그리기나 끼적이기, 스티커 붙이기 등으로 수업할 수 있습니다.

― 0-2세 표준보육과정에 ESD(에너지, 천연자원, 자연탐구 등) 구성요소 반영 방안 관련 심층 인터뷰 내용

에너지 관련 구성요소도 저탄소 교육 일환으로 '휴지 줍기', '종이 덜 사용하기', '자동차보다는 걷기' 등으로, 재활용 분리수거 교육으로 '신체운동' 영역에서의 '걷고' 및 '자전거 타기', 의사소통 영역으로 '에너지 절약 그림책 읽어주기', 사회관계 영역에서 '더불어 생활하기', 예술 경험 영역에서의 '동요와 그림 끼적이기', '재활용 용품 자원 사용하여 미술 활동하기', 자연 탐구 영역에서의 '에너지', '기후변화', '환경문제', '음식물 쓰레기 줄이기' 등을 통해

전달할 수 있을 것이라고 자세한 설명을 해준 인터뷰 대상자도 있었다.

A: 에너지도 저탄소 교육으로 '휴지 줍기', '종이 덜 사용하기', '자동차보다는 걷기' 등으로, 신
　체운동으로 '걷기' 및 '자전거 타기', 의사소통으로 '에너지 절약 그림책 읽어주기', 사회관
　계에서 '더불어 생활하기', 예술경험으로 '동요와 그림 끼적이기', '재활용 용품 자원 사용
　하여 미술 활동하기', 자연 탐구 등으로 '에너지', '기후변화', '환경문제', '음식물 쓰레기 줄
　이기', 우리 동네를 돌아보며 '지속 가능한 지역사회와 연계 과정' 등을 교육할 수 있다. 재
　해예방은 '소방훈련', '지진훈련' 등으로 아이들에게 녹일 수 있을 것이다.
B: 천연자원, 자연 탐구에서 자연과 더불어 살아가기, 사회관계 더불어 살아가기 예술경험으
　로 창의적으로 표현하기, 사진이나 이슈화된 뉴스로 진행할 수 있다. 또한 캐니빌리지나
　견학 등으로 진행 가능하다.

- 0-2세 표준보육과정에 ESD(에너지, 천연자원, 자연탐구 등)
구성 요소 반영 방안 관련 심층 인터뷰 내용

　재해예방은 영아를 위한 필수 교육인 '소방훈련', '지진훈련' 등으로 아이
들에게 녹이고 교육은 표준보육과정에 있는 과정으로 자동차와 비행기, 배 등
을 살펴보고 친환경 교통에 대해 의사소통, 사회관계, 예술경험 등으로 다양
하게 살펴볼 수 있음을 적시하였다. 천연자원 요소는 자연 탐구에서 '자연과
더불어 살아가기', 사회관계 더불어 살아가기 등 다양하게 진행할 수 있다고
응답하였다.

A: 에너지도 저탄소 교육으로 '휴지 줍기', '종이 덜 사용하기', '자동차보다는 걷기' 등으로, 신
　체운동으로 '걷기' 및 '자전거 타기', 의사소통으로 '에너지 절약 그림책 읽어주기', 사회관
　계에서 '더불어 생활하기', 예술경험으로 '동요와 그림 끼적이기', '재활용 용품 자원 사용

하여 미술 활동하기', 자연 탐구 등으로 '에너지', '기후변화', '환경문제', '음식물 쓰레기 줄이기', 우리 동네를 돌아보며 '지속 가능한 지역사회와 연계 과정' 등을 교육할 수 있다. 재해예방은 '소방훈련', '지진훈련' 등으로 아이들에게 녹일 수 있을 것이다.

- 0-2세 표준보육과정에 ESD(재해예방 등)
구성요소 반영 방안 관련 심층 인터뷰 내용

한편 지속가능한 식량 생산과 관련하여 매일 점심을 제공하고 영양에 대해 교육할 때 환경을 위해 '잔반 줄이기' 등을 수업으로 할 수 있으며, 공원을 산책하며 휴지 줍기, 이렇게 아름다운 환경 나무와 꽃, 풀을 관찰하는 수업을 하며 나무와 꽃, 풀, 개울물도 보호해야 하는 것을 강조할 수 있다고 하였다.

A: 매일 점심을 제공하고 영양에 대해 교육할 때 환경을 위해 '잔반 줄이기' 등을 수업으로 할 수 있으며, 공원을 산책하며 휴지 줍기, 이렇게 아름다운 환경 나무와 꽃, 풀을 관찰하는 수업을 하며 나무와 꽃, 풀, 개울물도 보호해야 하며, 쓰레기를 '함부로 버리지 않아요' 등의 교육을 진행한다.

B: 건강과 식품은 자연스럽게 영양 교육으로 잘하고 있다. 또한 밥 남기지 않기 등을 영양 교육하면서 식량 식품이 소중함을 전달한다.

- 0-2세 표준보육과정에 ESD(환경문제, 지속가능한 식량생산,
지속가능한 지역사회 등) 구성 요소 반영 방안 관련 심층 인터뷰 내용

그리고 재활용 등 환경과 관련하여 교육활동 과정에 부모의 역할을 자연스럽게 끌어내 참여하게 하는 방안도 제시되었다. 즉 재활용센터에 견학 등 진행과 더불어 가정과 연계하여 부모교육으로 어린이집과 가정이 연계하여 활

동할 수 있도록 부모교육을 진행하고 환경 활동을 할 수 있게 진행하는 방법이다.

A: 재활용센터에 견학 등으로 진행 가능하고 가정과 연계하여 부모교육으로 어린이집과 가정이 연계하여 활동할 수 있도록 부모교육을 진행하고 환경 활동을 함께 진행합니다.

- 0-2세 표준보육과정에 ESD(환경문제, 지속가능한 식량생산,
지속가능한 지역사회 등) 구성 요소 반영 방안 관련 심층 인터뷰 내용

인터뷰 대상자는 주변 관련 시설에 견학하는 것도 좋은 교육 방안임을 알려주었다. 즉 교통과 관련한 지속가능발전교육 내용은 교통박물관과 경찰서 견학 등으로 안전하게 교통을 이용하는 방법을 교육할 수 있고, 우리 동네 생활은 미술관, 박물관, 공원, 경찰서, 영양박물관, 마트, 시장, 소방서를 견학하며 우리 동네 많은 기관과 많은 직업군을 살펴보는 간접적 경험을 가능케 할 수 있을 것으로 예상하였다. 또한 견학 이전에 우리 동네 사진 등을 활용하여 미리 수업을 진행하는 것 또한 좋은 교육 방법으로 활용할 수 있음을 표현하였다.

A: 교통은 교통박물관과 경찰서 견학 등으로 안전하게 교통을 이용하는 방법을 교육할 수 있고, 우리 동네 생활은 미술관, 박물관, 공원, 경찰서, 영양박물관, 마트, 시장, 소방서를 견학하며 우리 동네 많은 기관과 많은 직업군을 살펴보고 우리 동네 사진 등으로 보며 수업을 진행할 수 있다.

- 0-2세 표준보육과정에 ESD(교통 등)
구성요소 반영 방안 관련 심층 인터뷰 내용

③ 경제

경제와 관련해서 주된 의견은 영아에게는 아직 어려운 개념으로 아이들 수준에 맞추어 놀이를 진행하는 방식이 되어야 한다는 것이었다. 특히 보육교사 자신의 교육 경험을 예를 들어 설명하였다. 교육과정 속에서 놀이를 통해 경제 교육을 시도하였으나 아이들이 지폐를 색으로만 구분하는 등 기대에 미치지 못한 경우가 많았던 것처럼 0-2세 표준보육과정의 아이들에겐 돈의 개념을 받아들이기에는 아직 이른 시기임을 예를 들기도 하였다.

A: 그러나 경제 교육은 어려워 돈을 크게 만들어서 아나바다 때 제시했으나 아이들이 지폐를 색으로만 구분하는 등 기대에 못 미친 경우가 있다. 따라서 경제 교육은 누리과정에서 가능할 듯하다.

– 0-2세 표준보육과정에 ESD(지속가능한 생산과 소비 등)
구성 요소 반영 방안 관련 심층 인터뷰 내용

그러면서도 아이들의 수준에 맞추어 '시장 놀이', '아나바다 시장 놀이' 등 놀이 과정으로 연계하여 수업을 진행함으로써 경제 요소의 재활용, 친환경 절약, 화폐 등의 기초적 개념을 경험할 수 있도록 하는 것도 필요한 좋은 경험을 제공해 준다는 점에서 의미가 있다는 의견을 밝혔다.

A: 경제는 재활용과 친환경 절약, 화폐 정도로 아이들의 수준에 맞추어 '시장놀이'로 진행하거나 '아나바다 시장놀이' 등으로 영아는 부모와 함께 참여수업 등으로 진행한다.

B: 영아에게는 아직 어려운 개념으로 수준과 발달에 맞추어 놀이 과정으로 연계하여 수업을 진행합니다.

2. 누리과정

1) ESD 반영 가능성

SDGs를 반영한 ESD의 주요 내용이 누리과정에 담길 수 있는지 의견에 대한 답변으로는 ESD 모든 영역을 누리과정에 반영하는 것이 가능하다는 의견이 대부분이었다. 그 답변 역시 '0-2세 표준보육과정'과는 달리 확고하게 가능하다는 의미가 강하게 내포되어 있었다. 특히 경제분야도 0-2세 대상의 표준보육과정과는 달리 경험뿐만이 아닌 개념을 이해시키는 진일보한 단계도 가능하다는 견해다.

A: 모든 ESD 내용이 누리과정 모든 영역에서 반영할 수 있습니다.
B: 모든 분야가 가능하다. 단지 영유아 수준에 맞는 부분으로 눈높이에 맞추어서 진행해야 한다.
C: 지속가능한 생산과 소비, 시장경제, 빈부격차 완화, 기업의 지속가능성은 사회관계의 더불어 생활하기, 사회에 관심 가지기, 책을 읽으며 의사소통에 책과 이야기 즐기기, 듣고 말하기 등으로 수업할 수 있고, 미디어 자료 등으로 가능합니다. 'ESG 경영', '아프리카 아이들 도와주기(편지 쓰기)', '아나바다 시장 놀이' 등 캠페인 진행도 좋은 방법입니다.

– 누리과정에 ESD 반영 가능 관련 심층 인터뷰 내용

그리고 추가하여 SDGs를 반영한 ESD의 주요 내용은 이미 교과 내용으로 누리과정에 반영되어 있다는 의견이 많았다.

A: 기존의 SDGs를 반영한 ESD의 주용 내용은 누리과정에 많이 포함되어 있어 교사들 SDGs의 교사 연수 및 교육으로 개념을 알고 접근할 수 있도록 교사의 역량을 강화하면 프로젝트나 가정 연계, 지역사회 연계 등으로 기존 누리과정보다 풍성하게 진행될 수 있으리라 생각한다.

– 누리과정에 ESD 반영 가능 관련 심층 인터뷰 내용

따라서 지금의 수준에서 머무는 것이 아닌 영유아 교사 연수 등으로 지속 가능발전에 대한 개념이 선생 스스로 정리가 되면 ESD의 주요 내용은 자연 스럽게 현장에서도 유아에게 어떻게 진행해야 할지 개념이 정리가 될 것이란 의견이 주도적이었다. 즉 지속가능발전 내용을 중심으로 교사 연수나 교육이 먼저 선행되어야 한다는 의견으로 정리할 수 있는 것이다. 추가하여 이러한 시스템에 의해 교사의 역량이 강화되면 프로젝트나 가정 연계, 지역사회 연계 등으로 기존 누리과정 주제보다 풍성한 주제로 확대 진행될 수 있으리라 생각 하는 것이다. 이는 앞에서 언급한 보육교사의 교육현장에서 나오는 교육 방법 을 공유하기 위한 방안과 이를 제시할 수 있는 시스템 고민에 대한 해답으로 제시해도 될 것이다.

한 예로 현재 많은 광고나 뉴스에서 저탄소와 지속가능한 발전을 방영하고 있어 이에 관한 교사 연구 모임이나 공동체로 다양한 교수법에 관한 연구가 진행된다면 더 깊이 있는 수업을 진행할 수 있을 것이란 의견도 제시되었

다. 특히 이와 관련하여 아래 내용과 같이 교사의 역량 강화를 위한 방안에 대해서 많은 의견이 제시되었다.

A: 기존의 누리과정과 흡사하고 현재 많은 광고나 뉴스에서 저탄소와 지속가능한 발전을 방영하고 있어 이에 관한 교사 연구 모임이나 공동체로 다양한 교수법에 관한 연구가 진행된다면 더 깊이 있는 수업을 진행할 수 있을 듯하다.

B: 교사의 역량을 강화하고 이에 대한 부분의 자조적인 학습공동체 연구 공동체의 필요성이 현장에서 대두되고 있다.

– 누리과정에 ESD 반영 가능 관련 심층 인터뷰 내용

2) ESD 반영하기 위한 구체적 방안

① 사회문화

응답자들은 앞에서 언급하였듯이 확고하게 누리과정에 지속가능발전 내용을 담을 수 있다는 의견을 보였다. 사회문화 요소인 '인권', '평화', '문화 다양성', '사회정의', '양성평등', '시민참여' 등과 관련한 구체적 실천방안을 제시하였다.

A: 인권은 누리과정에 관련 내용을 의사소통으로 책과 이야기 즐기기, 듣고 말하기로 진행하고, 사회관계에 나를 알고 존중하기, 더불어 생활하기 등으로 풀어내고 이야기 나누기를 진행할 수 있습니다. 예술 경험으로 창의적으로 표현하기 등으로 확장할 수 있습니다.

B: 평화는 사회관계에 더불어 생활하기, 사회에 관심 가지기 등으로 수업을 진행할 수 있으며, 또한 이에 관련된 책을 읽으며 의사소통을 통해 전달할 수 있습니다. 그리고 미디어 자료 등(예: 우크라이나 전쟁, 올림픽, 월드컵 축구)을 활용한 수업이 가능합니다.

C: 현재 우크라이나 전쟁 등의 미디어 자료 등을 제시하고 이에 대한 국제기구 UN 또는 다양한 구호기구 등을 안내, 적십자사나 의료 봉사 등의 자원봉사 안내, 이에 대한 평화를 위해 어떻게 진행할 것인지 의사소통으로 이야기 나누기, 듣고 말하기 등을 진행할 수 있습니다.

– 누리과정에 ESD(인권, 평화 등) 구성요소
반영 가능 관련 심층 인터뷰 내용

다만 구체적인 내용은 앞서 분석한 0-2세 표준보육과정과 크게 다르지 않았다.

우선 문화의 다양성 요소에 대한 교육 방안은 다음과 같다. ESD 사회문화에 해당하는 문화 다양성 요소는 누리과정의 사회관계에서 '더불어 생활하기', '사회에 관심 가지기' 등으로 수업을 진행할 수 있으며, 이에 관련된 책을 읽으며 서로 의견을 나누는 방법 등을 제시했다. 또한 미디어 자료를 통해 외국의 집, 거리, 피부색, 언어 등을 소개하는 것도 좋은 방법임을 설명해 주었다. 또한 각 반에 다문화 가정이 있다면 부모가 다른 나라 사람일 수도 있고 다양한 인종과 다양한 국기, 이에 대한 다양한 국화(꽃), 다양한 기후, 다양한 집(가옥), 다양한 옷을 입을 수 있다고 수업을 진행할 수 있음을 강조하였다. 특히 교육 기관 이외의 다문화 센터 등과의 연계를 통한 수업 방법도 좋은 수업 방법이었음을 알려주었다.

A: 문화 다양성 요소는 사회관계에 '더불어 생활하기', '사회에 관심 가지기' 등으로 수업을 진행할 수 있으며, 이와 관련된 책을 읽으며 서로 의견을 나눌 수 있을 것입니다. 또한 미디어 자료를 통해 외국의 집, 거리, 피부색, 언어 등을 소개하는 것으로 가능합니다.

B: 각 반에 다문화 가정이 있다면 부모가 다른 나라 사람일 수도 있고 다양한 인종과 다양한 국기, 이에 대한 다양한 국화(꽃), 다양한 기후, 다양한 집(가옥), 다양한 옷을 입을 수 있다고 수업을 진행할 수 있습니다.

C: 예로 "호주에서는 산타 할아버지는 빨간색 수영복을 입고 루돌프 사슴 대신 윈드서핑을 하면서 선물을 나누어 주려고 온다"라고 즐겁게 수업하며, 호주의 날씨와 의복, 의상, 그리고 문화, 언어 등을 다양하게 수업에 녹일 수 있다.

D: 예로 부모님의 재능기부로 일본 어머님이 일본어로 인사말을 하고 일본의 명절과 명절 음식 등을 아이들에게 안내하고 의상 등의 사진을 보여주고 안내하며, 일본 아이들의 전통 놀이 등을 다문화 센터의 교육과 연계하여 의상을 입어보고 전통 놀이 등을 진행한다. 다문화 센터와 연계하여 일본의 모자 등을 만들어 보는 수업을 진행할 수도 있다.

– 누리과정에 ESD(문화 다양성) 구성요소
반영 가능 관련 심층 인터뷰 내용

    사회정의 및 교통안전 요소에 대한 인터뷰 내용은 다음과 같다. 사회정의는 규칙 등으로 신체운동 건강의 안전하게 생활하기 중 교통안전 준수하기, 사회관계에서 더불어 생활하기, 사회에 관심을 가지기 등의 영역에서 수업할 수 있고 교통안전 등은 실제로 '운전면허 시험장'을 강당이나 교실 내에 만들어 '운전면허' 취득하기 수업을 진행하는 등의 교육 방법을 사용할 수 있음을 지적했다. 그리고 아이들 주도로 놀이 교육을 진행하고 지역사회나 공원에서 캠페인으로 진행할 수 있고 경찰서나 교통박물관의 견학 등으로 교육의 장을 넓힐 수 있음을 장점으로 제시하였다. 결과적으로 그 내용이나 적용방안은 0-2세 표준보육과정의 적용방안과 큰 차이가 없다. 다만 주변 관련 기관의 견학 등 구체적인 접근방법에서 약간의 차이를 보인다.

A: 사회정의는 규칙 등으로 신체운동 건강의 안전하게 생활하기 중 교통안전 준수하기, 사회 관계에서 더불어 생활하기, 사회에 관심을 가지기 등의 영역에서 수업할 수 있습니다.

B: 교통안전 등은 실제로 '운전면허 시험장'을 강당이나 교실 내에 만들어 '운전면허' 취득하기 수업을 진행하며 민감하게 교통질서를 지켰을 때만 아이들이 '운전면허'를 취득할 수 있도록 놀이 교육을 진행하며 수업 중에 녹여낼 수 있습니다. 그리고 아이들 주도로 놀이 교육을 진행하고 지역사회나 공원에서 캠페인으로 진행할 수 있고 경찰서나 교통박물관의 견학으로 지역사회 연계가 가능합니다.

- 누리과정에 ESD(사회정의, 교통안전 등)
구성요소 반영 가능 관련 심층 인터뷰 내용

다음은 '양성평등', '시민참여', '국제적 책임'과 관련된 교육 방법이다. 특히 '양성평등'과 관련된 내용으로 응답자 중 한 교사의 경우 성인에게도 부담이 되는 젠더 이슈, 다양한 성에 대해서도 오히려 누리과정 아이들에게는 자연스럽게 받아들이는 놀라운 경험이 있었음을 설명하기도 하였다.

A: 양성평등은 사회관계에서 나를 알고 존중하기, 더불어 생활하기 등에서 활동할 수 있습니다. 역시 이와 관련된 책을 접하게 하여 읽고 쓰고 말하게 함으로써 효과적인 수업이 가능합니다. 성인에게도 부담이 되는 젠더 이슈와 다양한 성에 대해서도 오히려 누리과정 아이들의 경우 자연스럽게 받아들이는 경험이 있었습니다.

- 누리과정에 ESD(양성평등, 시민참여, 국제적 책임 등)
구성요소 반영 가능 관련 심층 인터뷰 내용

이 외에도 '시민참여', '국제적 책임'과 관련해서는 캠페인을 통해 주변 공원에서 쓰레기 줍는 작은 일이 큰 영향을 미칠 수 있다는 경험을 만들어 줄 수 있듯이 지속가능한 발전 내용과 관련하여 내 주변에 관심을 가지는 것부터 시작하는 계기를 만들어주어야 한다고 주장하였다.

A: 시민참여는 사회관계에서 나를 알고 존중하기, 더불어 생활하기, 사회에 관심을 가지기 등에서 활동할 수 있습니다. 직접 공원에서 쓰레기를 줍거나 캠페인을 진행하며 활동하기도 합니다. '자연보호', '환경보호', '지구 살리기', '지구시민 되기', '지구가 녹고 있어요' 등으로 캠페인 진행도 좋은 방법입니다.

B: 세계 국제적 책임은 사회관계에서 '나를 알고 존중하기', '더불어 생활하기', '사회에 관심 가지기' 부분에서 가능합니다. 이와 관련해서 관련 책을 읽으며 의사소통하는 방법도 좋을 것 같습니다.

– 누리과정에 ESD(양성평등, 시민참여, 국제적 책임 등)

구성요소 반영 가능 관련 심층 인터뷰 내용

② 환경

환경과 관련된 구성요소, 즉 천연자원, 에너지, 기후변화 등은 누리과정의 내용 범주인 '자연탐구', '의사소통', '신체운동' 등을 통해 전달할 수 있는 것으로 조사되었다. 참고로 이러한 환경 요소는 지금까지의 교육과정에서도 대부분 놀이 교육을 통해 많은 주제가 다루어진 걸로 분석되었다.

A: 천연자원 요소는 자연 탐구의 '탐구과정 즐기기', '생활 속에서 탐구하기', '자연과 더불어 살아가기' 영역에서 가능하고, 이와 관련한 책을 읽을 수 있으며, 의사소통에 '책과 이야기 즐기기', '듣고 말하기' 등으로 수업할 수 있고, 미디어 자료 등으로 가능합니다. 에너지, 기후변화, 생물 다양성, 환경문제, 지속가능한 생산과 지역사회는 자연 탐구의 탐구과정 즐기기, 생활 속에서 탐구하기, 자연과 더불어 살아가기 영역에서 가능합니다.

B: '자연보호', '환경보호', '지구 살리기', '지구시민 되기', '지구가 녹고 있어요', '북극곰을 살려주세요', '지구 행성 지키기', '저탄소 생활하기', '걸어요 자동차 대신 걷기', '자전거 타기', '저탄소 유아 학교', '텀블러 사용하기, 가지고 다니기', '휴지 대신 손수건 사용해요', '장바구니 또는 에코백 가지고 다니기', '물을 아껴 사용해요', '밥 남기지 않아요', '아나바다 시장놀이' 등으로 캠페인 진행 역시 같이 적용할 수 있습니다.

C: 재해예방과 교통은 신체운동 건강의 '안전하게 생활하기'에서 일상에서 '안전하게 생활하기', '교통안전 규칙을 지킨다' 등으로 활동이 가능하다. 역시 이와 관련한 책을 읽고 서로 이야기 나누면서 스스로 깨닫게 할 수 있다.

– 누리과정에 ESD(환경 관련 천연자원, 에너지, 기후변화 등)
구성요소 반영 가능 관련 심층 인터뷰 내용

③ 경제

경제분야는 0-2세 대상의 표준보육과정과는 달리 누리과정에서는 경험뿐만이 아닌 개념을 이해시키는 단계도 가능하다는 입장이 대부분이다. 그 외 적용 방안은 앞의 내용과 크게 다르지 않았다.

A: 지속가능한 생산과 소비, 시장경제, 빈부격차 완화, 기업의 지속가능성은 사회관계의 더불어 생활하기, 사회에 관심 가지기, 의사소통에 책과 이야기 즐기기, 듣고 말하기 등으로 수업할 수 있고, 미디어 자료 등으로 가능합니다. 'ESG 경영', '아프리카 아이들 도와주기 (편지 쓰기)', '아나바다 시장 놀이' 등 캠페인 진행도 좋은 방법입니다.

– 누리과정에 ESD(지속가능한 생산과 소비, 시장경제, 빈부격차 완화 등)
구성요소 반영 가능 관련 심층 인터뷰 내용

즉 지속가능한 생산과 소비, 시장경제, 빈부격차 완화, 기업의 지속가능성 등 구성요소는 누리과정의 범주인 '사회관계'의 '더불어 생활하기', '사회에 관심 가지기', '의사소통'에 '책과 이야기 즐기기', '듣고 말하기' 등으로 수업할 수 있고, 미디어 자료 등을 자료로 사용할 수 있다는 의견을 제시하였다. 또한 'ESG 경영', '아프리카 아이들 도와주기(편지 쓰기)', '아나바다 시장 놀이' 등 캠페인 진행도 좋은 방법으로 추천하였다.

특히 위에서 확인할 수 있듯이 아이들 부모님과 함께 물 부족 국가 아이들을 위한 작은 프로젝트를 진행해 작은 시작이 큰 영향력을 발휘할 수 있다는 의미를 만들어준 사례를 전달하면서 앞으로 이러한 사례가 더 많이 일어날 수 있도록 지속가능발전 개념과 표준보육과정을 연계하기 위한 많은 노력도 필요함을 인식할 수 있었다.

A: 'ESG 경영', '물 프로젝트' 등으로 물의 소중함을 수업을 진행하고 물 부족국가의 아이들과 친구들을 살펴보고, 아프리카 등의 물 부족국가의 아이들을 도와주고 싶다는 아이들의 소망을 어린이집 또는 유치원의 운영위원회에 회의로 논의한 적이 있습니다. 더 나아가 학부모님 중 아버님이 추천한 베트남 물 펌프 사업에 작지만 아이들이 만든 기부금으로 기부하여 아이들의 '물 프로젝트'수업이 학부모 연계와 지역사회 연계로 확산하여 해외 아이들을 도와주는 사업으로 확장한 예가 있습니다.

– 누리과정에 ESD(지속가능한 생산과 소비, 시장경제, 빈부격차 완화 등) 구성요소 반영 가능 관련 심층 인터뷰 내용

제5장

결론

제1절
분석 요약

본 논문에서는 ESD(지속가능발전교육)와 SDGs(지속가능발전목표)의 더 체계적이고 효과적인 이행을 위하여 현재의 0-2세 표준보육과정 및 누리과정 등 영유아 교육과정을 분석하고 그 과정에 지속가능발전 개념을 찾아보고 그 결과를 중심으로 교육 현장에서 지속가능발전교육(ESD) 및 목표(SDGs)를 활성화하기 위한 구체적인 실천 방안을 모색하고자 하였다. 특히 비판적 페다고지 철학 아래 교육자의 경험에 중점을 두고 접근하였다. 이를 위해 영유아 교육의 중추적 역할을 담당하고 있는 경기도와 서울시 내 어린이집과 유치원 원장을 대상으로 그 해답을 찾고자 하였다.

연구 방법은 문헌조사, 실험설계(설문), 심층 면접 등 다양한 방법을 통해 문제의식에 접근하였다. 우선 문헌조사를 통해 우리나라 유아교육의 전반적 내용을 숙지하고 더불어 교육과정에 반영하고자 한 ESD 및 SDGs의 개념 연구를 진행하였다. 그리고 이러한 문헌 연구를 바탕으로 연구 목적을 달성하기 위하여 두 단계를 거쳐 분석과 의미를 도출하였다. 첫 번째 단계는 실험단계로 연구의 특성상 광고효과 분석과 같이 사전 조사를 할 수 없는 경우에 많이 설계되는 '단일집단후비교조사방법'을 사용하였다. 이러한 설계의 특징은 전실험 설계로 불리며 연구 특성상 무작위 배정 및 통제집단 및 실험집단이 구성되지 못하는 한계를 지니고 있으며, 연구자의 주관적 판단 및 해석에 의지해야 하는 한계를 지니고 있다는 약점이 있다. 이러한 오류를 최대한 배제하기 위해 본 논문은 연구 대상자, 즉 어린이집과 유치원 원장들에게 ESD 및 SDGs의 개념 인식 여부, 0-2세 표준보육과정과 누리과정에 반영해야만 하는 필요성에 대한 인식변화, 영유아 보육과정 및 누리과정에 위 두 개념이 반영되어 있는지 만약 반영되어 있지 않다면 어떠한 어려움이 있는지 등을 조사함으로써 최대한 조사 결과의 신뢰성과 타당성을 충족하기 위해 노력했다.

그리고 다음 단계로 첫 번째 단계를 통해 조사된 결과를 중심으로 심층 인터뷰를 진행하였다. 이러한 단계를 설계한 목적은 ESD, SDGs 관련 동영상을 시청하게 함으로써 연구 대상자의 변화된 인식을 기반으로 현재 교육과정에 지속가능발전에 대한 교육내용이 반영되어 있는지 안 되어 있다면 그 적용이 왜 어려운지 등 연구 문제에 대한 해답을 듣고자 함이었다.

그 결과 인터뷰 대상자 대부분은 이 실험에서 제시한 동영상을 통해서 지속가능발전 개념을 접하기 전까지 인식하지 못했던 것으로 나타났다. 최은영 · 도남희 · 김은정 · 장혜진 · 김민주 · 이솔미(2020)의 연구에서 찾을 수 있듯이 2019년 영유아 보육 과정 개편과정에서 ESD, SDGs와 같은 지속가능발전 개념이 구체적으로 명확히 반영되지 못한 상황에서 영유아 교육 교사의 인식이 부족할 수밖에 없었던 것으로 보인다. 한편 SDGs 및 ESD와 같은 지속가능발전 개념을 개정된 0-2세 대상의 표준보육과정에 반영하여 적용하는 데 어려움이 있는지에 대한 질문에는 가능하다는 의견이 대부분이었다. 또한 누리과정에 적용하는 데도 크게 다르게 생각지 않는 것으로 조사되었다. 다만

0-2세를 대상으로 하는 표준보육과정보다는 좀 더 성숙한 누리과정이란 점에서 그 반영이 비교적 쉽다는 의견이 강하게 나타났다. 특히 경제 분야에서 바라보는 시각이 달랐다. 즉 0-2세 대상의 표준보육과정과는 달리 보다 구체적으로 누리과정에 개념을 전달할 수 있을 것으로 확신하는 응답자들이 대부분이었다. 0-2세 대상 표준보육과정의 경우 지속가능발전에 대한 개념이해보다는 놀이와 같은 교육 방법을 통해 지속가능발전목표와 관련된 사례 및 행동 등을 접할 수 있도록 하는 것이 중요하다는 견해였다.

이후 심층 인터뷰를 통해서 응답자 본인이 0-2세 대상의 표준과정 또는 누리과정에 지속가능발전 개념을 적용하는 데 있어 어려운 이유에 대해서도 조사하였다. 정보 지식이 부족해서란 응답이 많다는 점에서 교사에 대한 교육이 우선되어야 한다는 의미를 찾을 수 있었다. 지속가능발전 개념을 전달할 수단 이외에도 그 내용을 채워줄 정보 지식이 부족하다는 점에서 시사하는 바가 크다. 물론 이는 0-2세 표준보육과정에 대한 인식도 포함하여 해석해야 하는 부분이기도 하다. 아마도 응답자들 대부분은 본 논문에서 사용한 동영상을 보기 전까지 지속가능발전에 대한 인식과 그 개념을 인식하지 못했다는 점도 그 원인이라 하겠다.

한편 현재의 개정된 0-2세 대상의 표준보육과정 및 누리과정에 교사의 자율성과 다양성을 존중하고 강조한다는 점에서 교사가 지속가능발전 개념을 인식하고 있다면 교육과정에 지속가능발전에 대한 구체적인 내용과 그 목표가 공식적으로 반영되어 있지 않더라도 충분히 그 전달 역할을 담당할 수 있을 것으로 판단되는 인터뷰 결과를 접할 수 있었다. 이러한 점에 비추어 볼 때 '정보 지식이 부족해서'에 응답률이 높았다는 점은 교사에 대한 교육 특히 지속가능발전 개념을 교사에게 노출하는 여러 방법이 마련되는 것이 가장 우선되어야 한다. 이와 관련하여 0-2세 대상의 표준보육과정과는 달리 누리과정의 경우 3세에서 5세 유아들 대부분 충분히 그 개념을 이해하고 받아들일 수 있다는 점에서 교육과정의 목표 및 추구 방향에 공식적으로 명시하는 것도 필요하다는 의견이다.

마지막으로 지속가능발전교육의 반영 가능성을 알아보기 위해 SDGs를 반영한 ESD의 주요 내용이 0-2세 표준보육과정 내용에 담길 수 있는지 의견을 들었다. 이에 대한 답변은 SDGs 및 ESD와 같은 지속가능발전 개념을 개정된 표준보육과정에 반영하여 적용하는 데 있어서 어려움 없이 모든 분야에 가능하다는 의견이 다수였다. 다만 영유아 수준에 맞는 부분으로 눈높이에 맞게 진행되어야 한다는 의견도 잊지 않았다. 누리과정 역시 반영이 가능하다는 의견이 대부분이었다. 그 답변 역시 0-2세 대상의 표준보육과정과는 달리 확고하게 가능하다는 의미가 강하게 내포되어 있었다. 특히 경제 분야도 0-2세 대상의 표준보육과정과는 달리 경험뿐만이 아닌 개념을 이해시키는 단계도 가능하다는 입장이 대부분이었다. 한편 이러한 지속가능발전 개념을 표준보육과정에 적용함으로써 교사의 역량 강화는 물론 교사 입장에서도 기존 누리과정 주제보다 풍성한 주제로 교육이 진행될 것이라는 긍정적인 결과도 찾을 수 있었다.

함축적 의미

1. 국가 수준의 지속가능발전과 표준보육과정 연계

영유아 표준보육과정에서 지속가능발전교육은 외국 사례에서도 살펴보았듯이 여러 국가에서 진행되고 있으며 국가 수준의 교육과정 운영에서도 장려하고 있음을 확인할 수 있다. 스웨덴이나 호주 등은 영유아 교육과정 안에 지속가능발전교육에 대한 내용을 국가 수준에서 공식적으로 포함하고 있는 대표적 국가이다. 반면 우리나라의 지속가능발전교육은 기존 표준보육과정 내용을 재구성하는 하나의 주제 성격으로 존재하는 것에 머무르고 있다. 따라서 비록 표준보육과정 내용이 지속가능발전교육과 그 목표를 같이하고 있는 것이어도 영유아 교사가 이를 인지하지 못한다면 그 교육 효과가 떨어지는 것은 당연한 일일 것이다. 이는 본 논문의 연구 과정에서도 찾을 수 있다. 즉 SDGs 및 ESD 동영상을 접하기 전까지 대부분 응답자는 지속가능발전 개념에 대해 인지하지 못했다.

물론 지속가능발전목표 및 교육내용의 동영상을 접한 후 그동안의 경험과 교육내용에 대해 고민하고 새로운 대처방안에 대해 고민하는 모습을 보여주었다는 점은 주목할 만한 결과라 하겠다. 만약 그러한 동영상 시청 이전에 국가 수준에서 지속가능발전과 교육과정을 연계한다면 교육과정 통합의 용이성이나 교육과정 내용 측면에서 효율성뿐만 아니라 효과성이 극대화되는 지름길이 될 것이다. 즉 표준보육과정의 교육 목표 또는 방향에 지속가능발전 개념이 포함되어 있고 이를 목적으로 추진한다는 개념이 명확히 제시된다면 더욱 빠르고 쉽게 지속가능발전교육이 영유아 학생들에게 소개될 것임을 확신한다. 또한 영유아 교사 입장에서는 지속가능발전교육의 중요성을 더 잘 인식할 수 있고, 부가적인 교육과정으로 인식하지 않기 때문에 교육과정 운영에 부담을 주지 않는 장점도 존재한다.

2. 사범대 등 대학 정규 교과목 설치

표준보육과정에 지속가능발전교육 개념이 반영되는 방안으로 일부 응답자의 경우 사범대 등 대학 정규 교과목으로 지속가능발전교육 관련 과목이 설치되어야 한다는 의견을 참고해 볼 수 있을 것이다. 심층 인터뷰 결과 보기로 제시된 연수, 학습공동체, 동료 멘토링, 사례공유, 동영상 보급 등은 영유아 교사 이후의 과정이란 점에서 한계로 지적하였다. 영유아 교사 자격증을 얻는 과정에서 지속가능발전교육에 대해 학습하고 적용방안에 대해 수업을 듣는다면 더욱 이후 자신의 노력보다는 그 효과가 클 것이란 의견이었다.

이는 앞서 언급한 국가 수준의 지속가능발전교육과 표준보육과정의 연계와 내용이 연결되는 주제이기도 하다. 국가 수준에서 지속가능발전 개념이 표준보육과정에 담겨 있다는 명확한 언급이 있다면 영유아 교사의 교육을 담당하는 전문교육과정인 사범대 등 대학 정규 과정에 지속가능발전 관련 교과목 설치가 더욱 쉽게 가능해질 것이기 때문이다.

3. 영유아 교사의 역량 강화를 위한 지원

2019 개정 표준보육과정의 특징 중 하나가 교육 현장의 자율성을 최대한 많이 부여하고 있다는 점이다. 그렇기 때문에 지속가능발전교육의 교육적 적용은 교원의 역량에 많은 영향을 받을 것으로 예상된다. 이 역시 본 논문의 분석 결과에서도 그대로 나타났다. 즉 현재의 개정된 표준보육과정에 교사의 자율성과 다양성을 존중하고 강조한다는 점에서 교사가 지속가능발전 개념을 인식하고 있다면 교육과정에 지속가능발전에 대한 구체적인 내용과 그 목표가 반영되어 있지 않더라도 충분히 그 전달 역할을 담당할 수 있을 것으로 판단되는 부분이다. 따라서 영유아 교원이 지속가능발전교육을 현장에 적용할 수 있는 교사 역량을 지원하는 교육 및 지속적인 연수 등이 필요한 것은 당연하다.

본 논문에서도 응답자들에게 개인이 표준보육과정에 지속가능발전 개념을 반영하기 어려웠던 점을 극복하기 위해 어떠한 지원이 필요한지 질문하였을 때 가장 많은 의견은 '연수'를 통한 지원으로 나타났다. 관련된 연수 방법으로 교육부(유치원)의 경우 중앙연수원이며 보건복지부(어린이집)는 육아정책연구소, 보육진흥원 등이 그 역할을 담당하고 있다. 이들의 역할이 기대되는 이유이다.

다음으로 응답을 많이 한 지원 방법이 '학습공동체'이다. 이는 모든 영유아

교육 교사를 대상으로 연수하는 것이 시간, 비용 면에서 불리한 이유를 들어 일부 교사의 연수와 이들을 중심으로 한 학습공동체 운영이 효율적일 것이란 의견이 많았기 때문이다. 이러한 학습공동체는 기타 인증제도, 교육기관 재정적 지원제도 등과 함께 연계되어 지원된다면 큰 효과를 얻을 것이다.

4. 학부모 및 지역사회와의 연계·협력

본 논문의 심층 면담 과정에서 지속가능발전교육 내용을 영유아 교육과정에 반영하는 방안에 대해서 많은 의견을 얻을 수 있었다. 특히 교육 기관뿐만 아니라 학부모 참여 등을 통한 가정에서의 인식 제고, 견학 및 캠페인 등 지역사회와의 협력을 제시하는 응답자들이 많았다. 이는 영유아 교사의 경험과 실제에서 나오는 교육 효과에 대해 자신이 잘 알고 있다는 표현이라 하겠다. 이에 대한 의미는 앞서 구성주의 교수법에 대한 논의를 통해 그 중요성을 강조한 바 있다.

결과적으로 가정과 지역사회와의 협력을 통해 지속가능발전교육의 수단으로 사용된다면 그 시작과 진행이 순조로울 것이다. 지속가능발전교육은 유아와 자연, 사회문화와의 관계성에 주목하고 있고, 일상적인 실천을 중요시하기 때문에 가정과 지역사회와의 협력이 중요하다. 이는 응답자가 소개한 경험에서 예를 찾을 수 있다. 물의 소중함을 깨우치기 위해 수업을 진행하고 물 부족국가의 아이들과 친구들을 살펴보고, 아프리카 등의 물 부족국가의 아이들을 도와주고 싶다는 아이들의 소망을 어린이집 또는 유치원의 운영위원회로 확장한 예가 있다. 결과적으로 '물 프로젝트' 수업이라는 어린이집 아이들의 작은 시작이 학부모 연계와 지역사회 연계로 확산되어, 해외 아이들을 도와주는 큰 의미의 사업으로 확장된 것이다. 이렇듯 교육에 참여한 아이들의 경험은 지속가능발전교육이 추구하는 목표와 크게 다르지 않을 것이다.

5. 중앙정부, 지방교육청, 지방자치단체의 역할 기대

① 교육부, 보건복지부

중앙정부의 주요 관계부처인 교육부(유치원)와 보건복지부(어린이집)는 영유아기 지속가능발전교육 관련 역량을 높이기 위해 국가 수준의 지속가능발전교육과 표준보육과정과의 연계 강화뿐만 아니라 이를 극대화하기 위한 민관 협의체 구성, 포럼 운영을 통한 공론화 노력, SDGs 및 ESD 포털 구축을 통한 홍보 및 교육자료 등 공유를 활성화하기 위한 보조자 역할을 충실히 하여야 할 것이다.

주요 관계부처란 위치에서 국민 친화적인 매체를 활용하여 지속가능발전 개념에 대한 이해를 돕는 동영상, 카드 뉴스 등을 개발·보급하는 노력이 필요하다. 이는 지속가능발전에 대한 국가적 의지와 책무성을 보여주는 무엇보다 효과적인 표현이기 때문이다.

② 지방자치단체 및 지방교육청(지원청)

지방자치단체 차원에서 단위 유치원과 어린이집의 실천을 지원하기 위한 과제로는 기존의 컨설팅, 장학 자료, 연수 등을 적극적으로 활용하는 것으로 원장과 교사들의 사고 전환을 돕기 위한 SDGs 및 ESD 관련 개념들의 이해를 돕는 자료, 컨설팅을 지원하고, 의무연수와 연계한 ESD 교육을 시행하는 것 등이다. 영유아 교사의 학습공동체 등을 지원하여 활성화하고, ESD 활동자료를 개발·보급하여야 하며, 영유아기 ESD 부모교육 자료를 개발·보급하여 가정과의 연계를 강화한다. 또한 ESD 선도 기관을 공모하여 실천 사례를 공유·확산하려는 노력도 요구된다.

한편 이러한 노력의 효과성을 높이기 위해 지방교육지원청과 지방자치단체는 교육 기관 평가 기준에 지속가능발전교육 내용이 포함되도록 하는 방법도 사용할 필요가 있다. 서울시에서 추진하는 서울형 어린이집 인증제도와 같이 일정한 조건과 기준에 지속가능발전교육 내용이 포함되어 각 교육 기관에 지원한다면 그 지속가능발전교육 내용을 반영하는 데 빠른 효과를 기대할 수 있을 것이다.

6. 영유아 교사의 사고체계 변화와 시스템 구축

영유아 대상 표준보육과정에 지속가능발전교육을 반영하기 위한 강력한 모델링을 위해 우선적으로 교사의 노력이 전제되어야 한다. 지속가능발전교육은 영유아 대상 교육에 반영한다는 점에서 교사의 사고의 틀을 바꾸는 것이며, 또한 윤리적인 이슈를 다룬다는 점에서 사례를 제공해서 활동 내용을 알려주는 연수 이상이 되어야 한다. 지속가능발전교육이 교육철학에서 살펴보았듯이 구성주의 교수법, 실천적 지식이론, 교육효능감 등과 관련된 자신에 대한 이해, 이웃이나 사회와의 연결, 간학문적 사고, 민주적, 통합적, 사회적 과정, 주도적 학습, 비판적 사고, 문제해결, 지역사회와의 연결, 미래지향, 행동 실천 등과 관련된 이슈이기 때문에 교사의 근본적인 사고체제가 변하는 것이 무엇보다 중요하다.

이에 대해 유선영·박은혜(2015)는 지속가능발전교육이 단순히 지식을 습득하는 것에만 국한되는 것이 아니라 사고의 전환까지 함께 이루어져야 해서 연속성을 지닌 예비유아 교사 교육으로 이루어질 수 있도록 하는 기회를 마련해야 한다고 주장하였다. 본 논문에서도 단순히 SDGs와 ESD 내용의 동영상을 보여주는 것만으로도 어린이집과 유치원 원장에게는 많은 사고의 전환이 이루어진 것으로 확인되었다.

한편 이러한 사고 전환이 이루어지기 위한 촉매 역할, 즉 지속가능발전에 대한 개입이 시스템적으로 이루어지도록 환경을 조성하는 노력도 같이 추진되어야 할 것이다. 이는 앞에서 언급한 연수 및 학습공동체 지원, 중앙정부 및 지자체 역할 등 총체적인 접근으로 설명할 수 있을 것이다.

이와 관련하여 본 논문에서 진행한 SDGs를 반영한 ESD의 주요 내용이 표준보육과정에 담길 수 있는지 의견에 대한 답변을 통해 설명할 수 있을 것이다. 지속가능발전교육 내용이 유사하게 이미 교과 내용으로 누리과정에 반영되어 있다는 의견이 많았는데, 이러한 이유로 교사 스스로 지금의 수준에서 머무는 것이 아닌 영유아 교사 연수 등으로 지속가능발전에 대한 개념이 선생 스스로 정리가 되면 ESD의 주요 내용은 자연스럽게 현장에서도 유아에게 어떻게 진행해야 할지 정리가 될 것이란 의견이었다. 그리고 이러한 접근을 통해 교사의 역량이 강화되면 프로젝트나 가정 연계, 지역사회 연계 등으로 기존 누리과정 주제보다 풍성한 주제로 확대되어 진행될 것이라 예상하는 응답자도 있었다.

제3절
연구의 성과 및 과제

본 논문은 연구 목적을 달성하기 위해, 즉 지속가능발전을 위한 교육을 반영하기 위해 학생 위주의 교육 방법에 대한 접근이 아닌 비판적 페다고지 철학 아래 교육자의 경험에 중점을 두고 접근하고 있다. 따라서 교육자가 ESD, SDGs의 내용을 교육받고 이해하고 있을 때의 경험이 어떻게 0-2세 표준보육과정과 3-5세 누리과정에 변화를 일으키고 스스로 응용하여 적용할 수 있는지를 알아보고자 하였다. 이러한 연구 목적을 달성하기 위해 다음과 같이 두 단계에 걸쳐 연구를 진행하였다.

첫 번째 단계는 실험단계로 연구의 특성상 광고효과 분석과 같이 사전 조사를 할 수 없는 경우에 많이 설계되는 단일집단후비교조사방법을 사용하였으며, 다음 단계로 첫 번째 단계를 통해 조사된 결과를 중심으로 심층 인터뷰를 진행하여 자료를 풍부하게 만들었다. 단순히 지속가능발전 개념이 우리나라 표준보육과정에 어떻게 반영되어 있는지 조사한 것이 아닌 영유아 보육교사가 지속가능발전 개념을 접했을 때 영유아 담당 교사에게 나타나는 변화된 사고에 초점을 맞추고자 한 것이다. 그리고 그러한 사고 변화가 현재 표준보육과정 체계에서 지속가능발전교육 내용을 찾아내고 만약 없으면 어떻게 반영할 것인지 고민할 수 있게 한다는 변화과정을 자세하게 알고자 함이었다.

이러한 연구 방법은 연구 과정에서도 또 다른 의미를 찾을 수 있다. 즉 실험 결과 이전 연구와는 달리 지속가능발전 개념이 표준보육과정에 담겨 있다는 응답 결과를 얻었지만, 심층적으로 조사하고 분석하였을 때 그러한 결과는 심층 면접 대상자인 교사 개인이 현재의 표준보육과정 시스템 및 내용 속에 지속가능발전 개념이 반영되어 있는지의 판단보다는 표준보육과정의 내용 범주 및 교육방법을 통하여 반영할 수 있다는 의미로 표현한 것임을 알 수 있었다. 이러한 사실은 단순 설문을 통해서는 전혀 알 수 없는 의미이다. 즉 차후 유사 주제와 관련하여 추가 연구 시 이러한 사실을 바탕으로 조사 이전에 반영하여 질문을 구조화할 때 그 연구의 타당성과 신뢰성이 한층 높아질 수 있다는 점에서 의미를 부여할 수 있을 것이다.

다만 이러한 연구 설계는 연구 특성상 무작위 배정 및 통제집단 및 실험집단이 구성되지 못하는 아쉬움을 지니고 있다. 따라서 심층 인터뷰 방식을 통해 현실에 접근하고 경험적 정확성을 추구하고자 하였으나 심층 인터뷰의 특성상 조사 대상에는 수적인 부족함이 존재할 수밖에 없다. 다만 앞서 언급하였지만, 학생이 아닌 교사 중심의 접근방법, 심층 인터뷰 등을 통해서 지속가능발전교육 내용을 표준보육과정에 반영하는 과정을 심도 있게 조사한 결과를 보여주었다는 점에서 추후 지속될 실증적 연구의 연구 문제(Research Question)를 구체적으로 구조화할 수 있다는 점에서 많은 도움이 될 것이다.

구성요소		있다	없다	모름
사회 문화	① 인권(관용, 권리, 배려, 자기존중, 정체성, 타인존중)	□ ①	□ ②	□ ③
	② 평화(갈등 해결, 세계 평화, 예의/예절, 협동, 통일)	□ ①	□ ②	□ ③
	③ 안전(환경 안전)	□ ①	□ ②	□ ③
	④ 문화 다양성(다양성 인정)	□ ①	□ ②	□ ③
	⑤ 사회정의(공익, 도움, 준법의식, 책임)	□ ①	□ ②	□ ③
	⑥ 건강과 식품(신체건강, 질병예방, 식거리와 관련한 비만, 약물 등)	□ ①	□ ②	□ ③
	⑦ 양성평등	□ ①	□ ②	□ ③
	⑧ 시민참여(공동체 인식, 문제해결 능력, 사회 참여, 양심)	□ ①	□ ②	□ ③
	⑨ 소양(매체, ICT 활용)	□ ①	□ ②	□ ③
	⑩ 세계, 국제적 책임(상호의존, 세계문제 인식, 세계 문제 참여)	□ ①	□ ②	□ ③
환경	⑪ 천연자원(공기, 물, 자연세계, 자원 고갈, 자원 보존, 자원 순환, 자원 절약, 자원의 필요성)	□ ①	□ ②	□ ③
	⑫ 에너지(신재생 에너지, 에너지 절약)	□ ①	□ ②	□ ③
	⑬ 기후변화(기후변화 감소 노력, 이상기후, 지구 온난화, 해수면 상승)	□ ①	□ ②	□ ③
	⑭ 생물 다양성(다양성 보전, 멸종위기, 생명 존중, 생물의 가치, 생태계, 서식처 보호)	□ ①	□ ②	□ ③
	⑮ 환경문제(대기오염, 수질오염, 쓰레기, 오염의 영향, 자연 훼손, 토양오염, 환경 보존)	□ ①	□ ②	□ ③
	⑯ 지속가능한 식량생산(친환경 농법, 음식물 쓰레기)	□ ①	□ ②	□ ③
	⑰ 지속가능한 지역사회(우리 동네 생활)	□ ①	□ ②	□ ③
	⑱ 재해예방 및 감소(대양 등의 대처 방법)	□ ①	□ ②	□ ③
	⑲ 교통(교통안전, 대중교통, 친환경 교통)	□ ①	□ ②	□ ③

구성요소		있다	없다	모름
경제	⑳ 지속가능한 생산과 소비(공정무역, 소비감소, 재사용, 재활용, 친환경 생산, 친환경 소비)	□ ①	□ ②	□ ③
	㉑ 시장 경제(가격, 교환, 선택, 시장, 욕구, 절약, 필요, 화폐)	□ ①	□ ②	□ ③
	㉒ 빈부격차 완화(직업, 분배, 세계 기아)	□ ①	□ ②	□ ③
	㉓ 기업의 지속가능성(건전한 기업윤리, 기업의 책임과 의무 등)	□ ①	□ ②	□ ③

〈부록 2〉 ESD 주요 내용 및 요소

구성 요소	
사회 문화	① 인권(관용, 권리, 배려, 자기존중, 정체성, 타인존중)
	② 평화(갈등 해결, 세계 평화, 예의/예절, 협동, 통일)
	③ 안전(환경 안전)
	④ 문화 다양성(다양성 인정)
	⑤ 사회정의(공익, 도움, 준법의식, 책임)
	⑥ 건강과 식품(신체건강, 질병예방, 식거리와 관련한 비만, 약물 등)
	⑦ 양성평등
	⑧ 시민참여(공동체 인식, 문제해결 능력, 사회 참여, 양심)
	⑨ 소양(매체, ICT 활용)
	⑩ 세계, 국제적 책임(상호의존, 세계문제 인식, 세계문제 참여)
환경	⑪ 천연자원(공기, 물, 자연세계, 자원 고갈, 자원 보존, 자원 순환, 자원 절약, 자원의 필요성)
	⑫ 에너지(신재생 에너지, 에너지 절약)
	⑬ 기후변화(기후변화 감소 노력, 이상기후, 지구 온난화, 해수면 상승)
	⑭ 생물 다양성(다양성 보전, 멸종위기, 생명 존중, 생물의 가치, 생태계, 서식처 보호)
	⑮ 환경문제(대기오염, 수질오염, 쓰레기, 오염의 영향, 자연 훼손, 토양오염, 환경 보존)
	⑯ 지속가능한 식량생산(친환경 농법, 음식물 쓰레기)
	⑰ 지속가능한 지역사회(우리 동네 생활)
	⑱ 재해예방 및 감소(대앙 등의 대처 방법)
	⑲ 교통(교통안전, 대중교통, 친환경 교통)
경제	⑳ 지속가능한 생산과 소비(공정무역, 소비감소, 재사용, 재활용, 친환경 생산, 친환경 소비)
	㉑ 시장 경제(가격, 교환, 선택, 시장, 욕구, 절약, 필요, 화폐)
	㉒ 빈부격차 완화(직업, 분배, 세계 기아)
	㉓ 기업의 지속가능성(건전한 기업윤리, 기업의 책임과 의무 등)

<부록 3> 0-2세 표준보육과정 내용

내용범주		0-1세 내용	2세 내용
기본 생활	건강하게 생활하기	도움을 받아 몸을 깨끗이 한다.	자신의 몸을 깨끗히 해 본다.
		음식을 즐겁게 먹는다.	음식에 관심을 가지고 즐겁게 먹는다.
		하루 일과를 편안하게 경험한다.	하루 일과를 즐겁게 경험한다
		배변 의사를 표현한다.	건강한 배변 습관을 갖는다.
	안전하게 생활하기	안전한 상황에서 놀이하고 생활한다.	일상에서 안전하게 놀이하고 생활한다.
		안전한 상황에서 교통수단을 이용해 본다.	교통수단을 안전하게 이용해 본다.
		위험하다는 말에 주의한다.	위험한 상황에 대처하는 방법을 경험한다.
신체 운동	감각과 신체 인식하기	감각적 자극에 반응한다.	감각능력을 활용한다.
		감각으로 주변을 탐색한다.	
		신체를 탐색한다.	신체를 인식하고 움직인다.
	신체활동 즐기기	대소근육을 조절한다.	대소근육을 조절한다.
		기본운동을 시도한다.	기본 운동을 즐긴다.
		실내외 신체활동을 즐긴다.	실내외 신체활동을 즐긴다.
의사 소통	듣기와 말하기	표정, 몸짓, 말과 주변의 소리에 관심을 갖고 듣는다.	표정, 몸짓, 말과 주변의 소리에 관심을 갖고 듣는다.
		상대방의 이야기를 들으면서 말소리를 낸다.	상대방의 이야기를 듣고 말한다.
		표정, 몸짓, 말소리로 의사를 표현한다.	표정, 몸짓, 말소리로 의사를 표현한다.
			자신의 요구와 느낌을 말한다.
	읽기와 쓰기에 관심 가지기	주변의 그림과 상징에 관심을 가진다.	주변의 그림과 상징, 글자에 관심을 가진다.
		끼적이기에 관심을 가진다.	끼적이며 표현하기를 즐긴다.
	책과 이야기 즐기기	책에 관심을 가진다.	책에 관심을 가지고 상상한다.
		이야기에 관심을 가진다.	말놀이와 이야기에 재미를 느낀다.

내용범주		0-1세 내용	2세 내용
사회 관계	나를 알고 존중하기	나를 인식한다.	나와 다른 사람을 구별한다.
		나의 욕구와 감정을 나타낸다.	나의 감정을 표현한다.
		나와 친숙한 것을 안다.	내가 좋아하는 것을 안다.
	더불어 생활하기	안정적인 애착을 형성한다.	가족에게 관심을 가진다.
		또래에게 관심을 가진다.	또래와 함께 놀이한다.
		다른 사람의 감정과 행동에 관심을 가진다.	다른 사람의 감정과 행동에 반응한다.
		반에서 편안하게 지낸다.	반에서의 규칙과 약속을 알고 지킨다.
예술 경험	아름다움 찾아보기	자연과 생활에서 아름다움을 느낀다.	자연과 생활에서 아름다움을 느끼고 즐긴다.
		아름다움에 관심을 가진다.	아름다움에 관심을 갖고 찾아본다.
	창의적으로 표현하기	소리와 리듬, 노래로 표현한다.	익숙한 노래와 리듬을 표현한다.
		감각을 통해 미술을 경험한다.	움직임과 춤으로 자유롭게 표현한다.
		모방 행동을 즐긴다.	미술 재료와 도구로 표현해 본다.
			일상생활 경험을 상상 놀이로 표현한다.
자연 탐구	탐구과정 즐기기	주변세계와 자연에 대해 호기심을 가진다.	주변세계와 자연에 대해 호기심을 가진다.
		사물과 자연 탐색하기를 즐긴다.	사물과 자연을 반복하여 탐색하기를 즐긴다.
	생활 속에서 탐구하기	친숙한 물체를 감각으로 탐색한다.	친숙한 물체의 특성과 변화를 감각으로 탐색한다.
		물체의 수량에 관심을 가진다.	물체의 수량에 관심을 가진다.
		주변 공간과 모양을 탐색한다.	주변 공간과 모양을 탐색한다.
		규칙성을 경험한다.	규칙성에 관심을 가진다.
			주변 사물을 같고 다름에 따라 구분한다.
			생활도구에 관심을 갖는다.
	자연과 더불어 살기	주변의 동식물에 관심을 가진다.	주변의 동식물에 관심을 가진다.
		날씨의 변화를 감각으로 느낀다.	날씨의 변화를 감각으로 느낀다.

〈부록 4〉 3-5세 누리과정 주요 내용

내용범주		누리과정 내용
신체 운동 건강	신체활동 즐기기	신체를 인식하고 움직인다.
		신체 움직임을 조절한다.
		기초적인 이동운동, 제자리 운동, 도구를 이용한 운동을 한다.
		실내외 신체활동에 자발적으로 참여한다.
	건강하게 생활하기	자신의 몸과 주변을 깨끗이 한다.
		몸에 좋은 음식에 관심을 가지고 바른 태도로 즐겁게 먹는다.
		하루 일과에서 적당한 휴식을 취한다.
		질병을 예방하는 방법을 알고 실천한다.
	안전하게 생활하기	일상에서 안전하게 놀이하고 생활한다.
		TV, 컴퓨터, 스마트폰 등을 바르게 사용한다.
		교통안전 규칙을 지킨다.
		안전사고, 화재, 재난, 학대, 유괴 등에 대처하는 방법을 경험한다.
의사 소통	듣기와 말하기	말이나 이야기를 관심 있게 듣는다.
		자신의 경험, 느낌, 생각을 말한다.
		상황에 적절한 단어를 사용하여 말한다.
		상대방이 하는 이야기를 듣고 관련해서 말한다.
		바른 태도로 듣고 말한다.
		고운 말을 사용한다.
	읽기와 쓰기에 관심 가지기	말과 글의 관계에 관심을 가진다.
		주변의 상징, 글자 등의 읽기에 관심을 가진다.
		자신의 생각을 글자와 비슷한 형태로 표현한다.
	책과 이야기 즐기기	책에 관심을 가지고 상상하기를 즐긴다.
		동화, 동시에서 말의 재미를 느낀다.
		말놀이와 이야기 짓기를 즐긴다.

내용범주		누리과정 내용
사회 관계	나를 알고 존중하기	나를 알고 소중히 여긴다.
		나의 감정을 알고 상황에 맞게 표현한다.
		내가 할 수 있는 것을 스스로 한다.
	더불어 생활하기	가족의 의미를 알고 화목하게 지낸다.
		친구와 서로 도우며 사이좋게 지낸다.
		친구와의 갈등을 긍정적인 방법으로 해결한다.
		서로 다른 감정, 생각, 행동을 존중한다.
		친구와 어른께 예의 바르게 행동한다.
		약속과 규칙의 필요성을 알고 지킨다.
	사회에 관심 가지기	내가 살고 있는 곳에 대해 궁금한 것을 알아본다.
		우리나라에 대해 자부심을 가진다.
		다양한 문화에 관심을 가진다.
예술 경험	아름다움 찾아보기	자연과 생활에서 아름다움을 느끼고 즐긴다.
		예술적 요소에 관심을 갖고 찾아본다.
	창의적으로 표현하기	노래를 즐겨 부른다.
		신체, 사물, 악기로 간단한 소리와 리듬을 만들어 본다.
		신체나 도구를 활용하여 움직임과 춤으로 자유롭게 표현한다.
	예술감상하기	다양한 미술 재료와 도구로 자신의 생각과 느낌을 표현한다.
		극 놀이로 경험이나 이야기를 표현한다.
		다양한 예술을 감상하며 상상하기를 즐긴다.
		서로 다른 예술 표현을 존중한다.
		우리나라 전통 예술에 관심을 갖고 친숙해진다.
자연 탐구	탐구과정 즐기기	주변 세계와 자연에 대해 지속적으로 호기심을 가진다.
		궁금한 것을 탐구하는 과정에 즐겁게 참여한다.
		탐구과정에서 서로 다른 생각에 관심을 가진다.
	생활 속에서 탐구하기	물체의 특성과 변화를 여러 가지 방법으로 탐색한다.
		물체를 세어 수량을 알아본다.
		물체의 위치와 방향, 모양을 알고 구별한다.

내용범주		누리과정 내용
자연 탐구	생활 속에서 탐구하기	일상에서 길이, 무게 등의 속성을 비교한다.
		주변에서 반복되는 규칙을 찾는다.
		일상에서 모은 자료를 기준에 따라 분류한다.
		도구와 기계에 대해 관심을 가진다.
	자연과 더불어 살기	주변의 동식물에 관심을 가진다.
		생명과 자연환경을 소중히 여긴다.
		날씨와 계절의 변화를 생활과 관련짓는다.

참고 문헌

1. 국내문헌

가. 단행본

강인애, 『구성주의 교육학』, 교육과학사, 1998.

곽덕주 외 3명 공역, 『교육연구의 철학(Pring, R. 저, 2000)』. 서울: 학지사, 2015.

교육부 · 보건복지부, 『2019 개정 누리과정 해설서 안내』, 2019.

교육부 · 보건복지부 · 육아정책연구소, 『2019 개정 누리과정 교사 연수자료』, 2020.

교육부 보도자료, "출발선 평등을 실현하기 위한 '유아교육 혁신방안' 발표", 2017.
    12. 27.

국정기획자문위원회, 『문재인정부 국정운영 5개년 계획』, 서울: 청와대.

국제연합 교육과학문화기구, 『실천하는 학교 지속가능발전을 위한 세계시민』, 유네스
    코한국위원회 [편], 2021.

국제연합교육과학문화기구, 『지속가능발전교육(ESD) 로드맵』, 유네스코한국위원회
    [편], 2019.

김교령, 『지속가능발전 목표(SDGs)의 영유아 지표 분석 : 모니터링을 위한 국내 데이
    터 이용가능성을 중심으로』, 이화여자대학교 대학원 석사 논문, 2017.

김영수, 『각국의 세계시민 교육 관련 현황』, 한국교육과정평가원, 2015.

김은영 번역, 『침묵의 봄(Silent Spring, 레이첼 카슨 저)』, 에코리브르, 2011.

김은영 외 10명, 『누리과정개정 정책 연구』, 충남: 충청남도 교육청, 2019.

김은지 · 김혜경, 『유아기 지속가능발전교육에 관한 국내연구 동향 분석』, 학습자중심
    교과교육학회, 2019.

김정원 · 김기수 · 정미경 · 홍인기, 『미래형 교사교육체제 구안 연구 (연구보고 RR

2012-03)』, 서울: 한국교육개발원, 2012.

김진희 · 차윤경 · 박순용 · 이지향, 『평화와 협력을 위한 세계시민교육: 2015 세계교육학회(WEF2015) 의제 형성 연구』, 유네스코 위원회, 2014.

남상열 · 김성웅 · 김병우 · 최소담, 『지속가능개발목표(SDGs)달성을 위한 아태지역 ICT 국제협력 방안 연구』, 정보통신정책연구원, 2018.

문무경 · 박원순 · 김영민, 『지속가능발전 SDG 4.2 국내이행 전략 연구』, 육아정책연구소, 2019.

민동석, 『지속가능발전교육 렌즈』, 유네스코한국위원회, 2013.

박은혜, 『유아교육 공공성 강화를 위한 해외사례 및 개선과제』, 국회입법조사처, 2019.

박태준 · 성정희, 『지속가능발전교육을 위한 교사 지침서』, 유네스코 한국위원회, 2007.

보건복지부, 『제4차 어린이집 표준보육과정 해설서』, 2020.

서현선, 『예비유아교사를 위한 전환적 유아세계시민교육 교과목 개발과 수업의 의미』, 성신여자대학교 일반대학원 박사학위 논문, 2021.

송명규, 『현대생태 사상의 이해』, 도서출판 따님, 2008.

신지연 · 신혜원 · 서원경 · 박원순, 『영유아교수학습방법 파워북』, 2018.

오수길, 『민관 협력의 거버넌스』, 한국학술정보(주), 2006.

유네스코한국위원회, 『2014 유네스코한국위원회 연례보고서』, 2014.

유영준, 『사회복지조사론의 이해』, 2014.

이강민, 『국제기구와 연계한 수자원산업 육성정책 연구』, 2017.

이미화, "잘 놀아야 잘 자란다. 놀이 중심 표준보육과정 개정", 『육아정책포럼』, 2020.

이선경 외 11명, 『한국의 유엔지속가능발전교육 10년』, 유네스코 한국위원회, 2014.

이정원, 『문재인 정부 보육유아교육 정책의 이슈와 쟁점』, 육아정책연구소, 2018.

이창헌, 『지속가능발전 목표의 이론과 실제, SDGs 교과서』, 도서출판 선인, 2022.

정혜령 번역, 『지속가능발전 교육(ESD) 로드맵』, 유네스코 한국위원회, 2021.

중앙육아종합지원센터, 『제4차 어린이집 표준보육과정 이해 및 총론』, 2020.

지옥정 · 허미화 · 정미라 · 백은주 공역, 『지속가능성을 위한 유아교육 연구(Julie Davis & Sue Elliott 편)』, 창지사, 2015.

최석진 · 김이성 · 김현정 · 이재혁 · 최미영, 『저탄소 녹색성장을 위한 외국의 환경교육 분석 비교 연구』, 환경부 · 한국환경교육학회, 2009.

최은영·도남희·김은정·장혜진·김민주·이솔미,『영유아기 지속가능발전교육 실
천 방안 연구』, 육아정책연구소, 2020.
환경부,『유엔 지속가능 발전목표(국문본)』, 2015.
황규호·박소영·윤건영·이성균·최의창,『교원양성 교육과정 및 무시험검정기준
개정 연구』, 교육부·인천광역시교육청 정책연구보고서, 2014.

나. 연구논문

강선주, "Post-2015 지속가능개발목표(SDGs) 채택과 개발협력 외교에의 함의",『주
요국제문제분석』(국립외교원 외교안보연구소) 제29호, 2015.
강인애, "PBL에 타나난 학습의 재미요소 추출과 상호관계에 관한 연구",『교육방법연
구』제25권 제1호, 2013.
강인애·이현민·윤혜진, "시민문화예술교육 분석틀로서의 카니발 페다고지 탐색",
『문화예술교육연구』제11권 제3호, 2016.
강인애·장진혜·이현민, "페다고지(Carnival Pedagogy)의 가능성에 대한 탐색",『문
화예술교육연구』제11권 제5호, 2016.
강택구, "19세기 후반기 미국 사회의 인종주의에 대한 검토",『다문화콘텐츠연구』제
28권, 2018.
강택구, "은유 분석을 통해 본 보육교사의 다문화 교육에 대한 인식",『인문사회 21』
아시아문화학술원, 제10권 제4호, 2019.
고가온, "유아교육과 보육기관의 통합(유보통합) 정책에 대한 교사와 학부모 인식연
구",『인문사회 21』제11권 제6호, 2020, pp.17-32.
김다원·이경한·김경덕·강순원, "21세기 국제이해교육을 위한 홀리스틱 페다고지
모형개발",『국제이해교육연구』, 한국국제교육이해교육학회, 2018.
김명하, "'누리과정개정 정책연구' 보고서를 통해 살펴본 유아교육과정 개발의 절차와
한계",『유아교육연구』제40권 제6호, 2020.
김수지·민소리·손미진·황성신·최연철, "유아교사의 '연구'와 '연구자로서의 역
할'에 대한 생각",『한국유아교육연구』제20권 제1호, 2018.
김숙자·홍희주·김현정·한미선, "지속가능발전교육으로의 공존지향적 유아교육에
서의 교육내용 분석: 만 5세 누리과정 교사용 지도서를 중심으로",『유아교육
학논집』제18권 제5호, 2014.

김신자, "구성주의 학습환경 설계모형 연구", 『교과교육학연구』 제5권 제2호, 2001.

김은정 외 3명, "독일, 영국, 호주의 지속가능발전교육 분석과 학교 교육과정 및 유아 교유과정에의 시사", 『열린유아교육연구』 제18권 제4호, 2013.

김준태, "청소년 경제교육의 목표 설정 및 청소년 경제교육 개선방안에 대한 고찰", 『교육문화연구』 제20권 제4호, 2014.

김하연, "대안적 교사교육 접근으로서 반성적 실천주의가 갖는 함의 탐색", 『교육연구』 제65권, 2016.

남유선, "독일 환경교육의 변화 – 환경교육에서 지속가능한 발전을 위한 교육으로", 『독일언어문학』 제46권, 2009.

도갑수, "ESSD와 폐기물 관리", 『환경정책』 제1권 제1호, 1993.

문무경 외 2명, 『지속가능발전 SDG 4.2 국내이행 전략 연구』, 육아정책연구소, 2019.

박상완, "교사교육에서 이론과 실제의 연계를 위한 사례방법의 활용 가능성 탐색", 『교육행정학연구』 제29권 제3호, 2021.

박애경, "현장 교사교육을 통한 수업 전문성 신장 과정 탐구 : 세계 시민교육을 사례로", 『글로벌교육연구』 제10집 제2호, 2018.

박은혜, "유엔 지속가능개발목표의 의미와 유아교육의 과제", *Korean Journal of Early Childhood Education* 제37권, 2017.

백은주 · 정미라 · 허미화 · 지옥정, "지속가능발전교육의 관점에서 본 어린이집 교사의 물교육 실태, 인식 및 요규", 『어린이미디어연구』 제13권 제1호, 2014.

서현선 · 전홍주 · 이문옥, "호주 유아교육과정의 세계시민교육 고찰: 한국 유아교육과정에 대한 시사점을 중심으로", 『학습자중심교과교육연구』 제19권 제23호, 2019.

신은수 · 박은혜, "지속가능발전 교육을 위한 유아교육과정의 재방향 설정", 『육아지원연구』 제7권 제1호, 2012.

오승환, "EU 밀레니엄계획(Millennium Developmeat Goals, MDGs)을 돌아보다", 과학기술정책연구원, 『과학기술정책』 제25권 제10호, 2015.

오승환, "EU, UN의 지속가능한 개발을 위한 2030 아젠다에 응답하라", 과학기술정책연구원, 『과학기술정책』 제23권 제12호, 2015.

오정화, 박영실, "2030 지속가능 발전의제에 대한 국가통계 대응방안 수립", 『하반기 연구 보고서』 제1권, 2015.

오지연, "국공립 교육기관에서 근무하는 유아특수교사의 「2019 개정 누리과정」에 대

한 인식: 유아, 놀이 중심 교육과정을 중심으로", 『한국유아특수교육연구』 제20
권 제3호, 2010.

오희정, "문제 중심 학습(Problem-Based Learning)을 활용한 예비 영어교사 프로그램
운영 사례 연구", 『교과교육학연구』 제21권 제2호, 2017.

유선영·박은혜, "수업사례를 활용한 예비유아교사 지속가능발전교육 프로그램 개
발", 『한국교원교육연구』 제32권 제1호, 2015.

유영의·김은정·신은수·박은혜, "지속가능발전교육에 관한 한국의 교육정책 및 현
국가수준 교육과정의 분석", 『유아교육학논집』 제17권 제3호, 2013.

윤정희·김희태, "유아지속가능발전교육 활동의 효과", 『한국보육학회지』 제18권 제1
호, 2018.

이경화, "메타포를 통해 본 유아교사의 '교육과정'에 대한 실천적 지식의 한계", 『한국
보육지원학회지』 제12권 제4호, 2016.

이명근·강수연, "인지 기제 활용 문제 기반 학습이 수학 교육 효과 분석", 『한국컴퓨
터정보학회 논문지』 제16권 제11호, 2011.

이성희, "세계시민교육에 대한 교사들의 인식과 현실적 딜레마", 한국교육개발원, 『다
문화 교육연구』 제9권 제2호, 2016.

이정욱, "누리과정개정안의 주요특징 및 쟁점분석", 『유아교육연구』 제39권 제2호,
2019.

이정은, "문제중심학습(PBL) 적용 교직 실무 수업의 효과: 보건교사 양성 과정을 중
심으로", 『학습자중심교과교육연구』 제19권 제17호, 2019.

이창언·이홍연, "ESG 경영의 국내외 동향", 『SD 민관학 네트워크 학술세미나』, 지
속가능발전학회 & 당진시, 2021.

이희경, "교육부의 '유아교육 혁신방안'에 근거한 누리과정개정(안)에 대한 토론문",
『누리과정개정을 위한 2차 토론회 토론집』, 2018.

임상도, "유아교육철학의 연구동향 분석 : 전문학술지 중심으로", 『교육과학연구』 제
44집 제2호, 2013.

정기섭, "독일에서 지속가능발전교육의 생성 및 전개", 『교육의 이론과 실천』 제15권
제3호, 2010.

정대현, "UN SDG 4.2의 유아교육 적용을 위한 고찰", 『열린유아교육연구』 제24권
제6호, 2019.

정윤경, "한국 교사교육 철학 연구 동향", 『한국교육학연구』 제20권 제1호, 2014.

정지현, "구성주의에 근거한 자기주도학습 및 문제해결학습의 원리와 절차", 『청소년
　　행동연구』 제15호, 2010.

정훈, "노작교육의 내재적 정당화에 관한 탐색", 『교육문제연구』 제33권, 2009.

조부경 · 김경은, "교육 · 보육 과정으로서 누리과정의 성과와 내실화 방안", 『한국유
　　아교육연구』 제19권 제3호, 2017.

주용식, "지속가능한 발전목표와 기업의 사회적 책임의 연계성을 중심으로 한 기업파
　　트너십 구축에 대한 개념적 분석", 『국제개발협력연구』 제11권 제4호, 2019.

지옥정, "'지속가능성을 위한 유아교육' 사례로서의 '무심천 프로젝트'에 나타난 유아
　　들의 지역사회 참여 내용 분석", 『열린유아교육연구』 제16권 제6호, 2011.

최석진, "ESSD와 환경보전의식 및 환경교육", 『환경교육학회, 환경교육』 제6권 제1
　　호, 1994.

최연주 · 조덕주, "예비교사교육에서의 자서전적 방법 적용 연구", 『교육인류학연구』
　　제14권 제3호, 2011.

2 외국문헌

Beyer, L. E., & Bloch, M., "Theory: An analysis. In S. Reifel(Ed)," *Advances in Early
　　Education and Day Care*, vol 8, 1996.

Bryk, A., Camburn, E. & Louis. K. S., "Professional community in Chicago
　　elementary schools: Facilitating factors and organizational consequences."
　　Educational Administration Quarterly. 35(Suppl.), 1999.

Canada Manitoba, *Education for Sustainable Development (ESD) School Plan
　　Exemplar and Information*. 2020.

Canada Manitoba, *Education for Sustainable Development in Manitoba Education
　　and Advanced Learnings*, 2020.

Carlson, H. L., "From practice to theory: A social constructivist approach toteacher
　　education," *Teachers and Teaching: Theory and Practice*, 5(2), 1999.

Carlson, H. L., "From practice to theory: A social constructivist approach toteacher
　　education," *Teachers and Teaching: Theory and Practice*, 5(2), 1999.

Carnegie Commission, *A nation prepared: Teachers for the 21st century. The Report
　　of the Task Force on Teaching as a Profession*. Carnegie Corp. of New York,

NY. 1986.

Darling-Hammond, L., & Bransford, J., *Preparing teachers for a changing world: What teachers should learn and be able to do,* San Francisco, CA: Jossey-Bass, 2005.

Davis, Gerald F., "Do Theories of Organizations Progress?," *Organizational Research Methods,* 13(4), 2010.

Dewey, J., "The relation of theory to practice in the education of teachers. In McMurry, C. A. (Ed.)," *The third yearbook of the national society for the scientific study of education, part 1,* pp. 9-30. Tennessee: Nabu Press, 1904.

Elbaz, F., The teacher's practical knowledg : Report of a case Study, *Curriculum Inquiry,* 11(4), 1981.

Fullan, M. G., "Why teachers must become change agents," *Educational Leadership.* vol 50, 1993.

Gibson, S. & Dembo, M. H., Teache efficacy: A construct validation, *Journal of Educational Psychology,* 76(4), 1984.

Gundmundsdottir, S., *Pedagogical content knowledge: Teachers' ways of knowing,* Paper presented at the annual meeting of the American Educational Research Association. April, Chicago. 1987.

Inoue, M., Elliott, S., Mitsuhashi, M., & Kido, H., "Nature-based early childhood activities as environmental education?: A review of Japanese and Australian perspectives." *Japanese Journal of En vironmental Education,* 28(4), 2019.

Kemmis, S., "Action research as a practice-based practice." *Educational Action Research,* 17(3), 2009.

Korthagen F. A. J., "The relationship between theory and practice in teacher education," In Peterson, P., Baker, E., & McGaw, B. (Eds), *International Encyclopedia of Education.* 7, 2010b,

Korthagen, F. A. J., "How teacher education can make a difference," *Journal of Education for Teaching,* 36(4), 2010a.

Korthagen, F. A. J., "The relationship between theory and practice in teacher education. In Peterson, P., Baker, E., & McGaw, B. (Eds)." *International Encyclopedia of Education. volume 7,* 2010b.

Korthagen, F. A. J., Kessels, J., Koster, B., Lagerwerf, B., & Wubbels, T., *반성적 교사 교육 : 실제와 이론 (조덕주 외 역).* 서울: 학지사(원저 2001년 출간), 2007.

Korthagen, F. A. J., *The relationship between theory and practice in teacher,* 2010b.

Kowalski, T. J., *Case studies on educational administration (6th ed.),* Upper Saddle River, NJ: Pearson Education, Inc. 2012.

Mathison, S., "Critical reflection on classroom practice: teaching as an investigative activity. in Ross, E. Wayne(Eds)," *Reflective Practice in Social Studies.* NCSS Bulletin Number 88, 1994.

McLaren, P., *Critical Pedagogy and Predatory Culture,* Routledge: Loondon and New York, 1995.

McLaughlin, M. W. & Talbert, J. E., *Professional Communities and the Work of High School Teaching,* Chicago: University of Chicago Press, 2001.

Morrison, G. S., *Early Childhood Education Today(11th ed.).* New Jersey: Merrill Prentice Hall. 2009.

Moyser, G. and Wagstaffe, M., *Research Methods for Elite Studies,* Allen & Unwin, 1987.

Paulo Freire, *Pedagogy of the Oppressed,* Orest Kinasevych. 2000.

rlemalm-Hags'r, E., & Sue, E., "Transcultural explorations in nature based early childhood education: Sweden and Australia. In P. Becker, B. Humberstone, C. Loynes & J. Schirp (Eds)," *The Changing World of Outdoor Learning in Europe,* 2018.

Sch'n, D. A., *The reflective practitioner: How professional think in action(eBook),* Routledge: London, 2017.

Schulman, L. S., "Those who understand: knowledge growth in teaching," *Educational Researcher,* 15(2), 1986.

Shulman, L. S., "Theory, practice, and the education of professionals," *Elementary School Journal,* 98(5), 1998.

Shulman, L. S., "Toward a pedagogy of cases. In J. H. Shulman (Ed.)," New York: Teachers College Press, 1992.

Skolverket. *Curriculum for the preschool Lpf 18. Stockholm, Sweden: The Swedish National Agency for Education.* 2018.

UNESCO, *Shaping the Ruture We Want: United Nations Decade of education for sustainable development (2005-2014),* the United Nations Educational, Scientific and Cultural Organization, 2012.

WCED, *Report of the World Commission on Environment and Development "Our Common Future",* Brundtland Report, 1987.

Weber, E., *Early childhood education: Perspectives on change. Belmont,* CA: Wadsworth. 1970.

Young, T., & Elliott, S., *Ways of thinking, acting and relating about sustainability.* Early Childhood Australia In, 2014.

Zeichner, Kenneth M., "Preparing reflective teachers: An overview of instructional, strategies in pre-service teacher education," *International Journal of Educational research,* 11(5), 1987.

Zeichner, Kenneth M., "Rethinking the Connections Between Campus Courses and Field Experiences in College and University-Based Teacher Education," *Journal of Teacher Education,* 61(1-2), 2010.

지속가능발전목표(SDGs) 실현을 위한 유아교육 연구
영유아 교사를 위한 교육을 중심으로

초판인쇄 2023년 8월 31일
초판발행 2023년 8월 31일

지은이   고가온
펴낸이   채종준
펴낸곳   한국학술정보(주)
주 소   경기도 파주시 회동길 230(문발동)
전 화   031-908-3181(대표)
팩 스   031-908-3189
홈페이지   http://ebook.kstudy.com
E-mail   출판사업부 publish@kstudy.com
등 록   제일산-115호(2000. 6. 19)

ISBN   979-11-6983-646-3 93370